Hans-Peter Kolb

# Liebe und Resonanz

Daseinsanalytische Betrachtungen
der Weltbeziehungen

Hans-Peter Kolb

# Liebe und Resonanz

## Daseinsanalytische Betrachtungen der Weltbeziehungen

4

Bibliografische Information der Deutschen Nationalbibliothek:
Die Deutsche Nationalbibliothek verzeichnet diese Publikation in
der Deutschen Nationalbibliografie; detaillierte bibliografische
Daten sind im Internet über dnb.dnb.de abrufbar.

# Inhaltsverzeichnis

# Vorwort

Angeregt durch ein Buch von Hartmut Rosa (Rosa, 2016) über Resonanz habe ich mich entschlossen, dieses Buch zu schreiben über die Verbindung dieses Begriffes mit meiner Daseinsanalyse und unserem In-der-Welt-Sein, dessen Art und Weise ohne den Sinn nicht möglich wäre, unsere Liebesfähigkeit immer weiterzuentwickeln. Dabei fiel mir auf, dass ich darüber umso mehr schreiben konnte, je mehr ich mich mit anderen Menschen in Resonanz über das Thema Resonanz unterhielt. Nun habe ich ja das Glück, als Psychotherapeut arbeiten zu können und zu dürfen, sodass ich mich mit meinen Klienten immer wieder über dieses Thema austauschen konnte. Ich denke, dass beide Seiten davon profitieren konnten. Davon abgesehen konnte ich im letzten Kapitel einen Bezug herstellen zwischen den häufigsten depressiven Erkrankungen und den Resonanzproblemen unserer modernen Gesellschaft.

Nach einer kurzen Einführung in die Grundbegriffe meiner Daseinsanalyse, die insofern unvollständig bleibt, weil ich für ihre Begründung auf frühere Bücher von mir verweisen musste, um hier nicht den Rahmen zu sprengen, habe ich versucht, den Begriff der Resonanz im Rahmen unseres menschlichen Daseins möglichst präzise zu fassen und seine Relevanz für die Sozialwissenschaften zu begründen. Anhand eines Entwicklungsschemas mit verschiedenen aufeinander aufbauenden Entwicklungsebenen habe ich die spezifische Entwicklung von Resonanz skizziert, wobei ich zuvor den Begriff Resonanz in einem absolut dialektischen Schema dargestellt habe, welches die allgemeine Entwicklung von Resonanz veranschaulicht. Abschließend betrachte ich Resonanz in den vier wichtigen Lebensbereichen des Arbeitens, des Herstellens, des menschlichen Handelns (bis hierhin folge ich weitgehend Hannah Arendt) und der Sinngebung. Dieser letzte Abschnitt des Kapitels endet dann mit einer Kritik an unserer heutigen gesellschaftlichen Situation, bei der auch die Chancen betrachtet werden, die sich uns heute bieten. Zum Schluss stelle ich die drei häufigsten, aber letztlich erfolglosen Lebensformen skizzenhaft dar, die sich im Umgang mit dem unerfüllten Resonanzversprechen der Moderne etabliert haben und auch von ihr unterstützt und gefördert werden, und zeige andeutungsweise auf, wie sie überwunden werden können durch das Streben nach der Utopie der vollkommenen Liebe bzw. durch unsere Bemühungen, die eigene Resonanzfähigkeit weiterzuentwickeln, und andere dabei zu unterstützen und zu fördern, dasselbe bei sich zu tun. Der Anhang enthält einige Abbildungen und Tabellen, die das Verständnis meiner daseinsanalytischen Begriffe erleichtern soll.

# 1. Daseinsanalytische Grundbegriffe

Als grundlegende Modalitäten unseres menschlichen Daseins bezeichnet Tanabe, ein mitbegründender Philosoph der Kyoto-Schule in Japan, den Modus des Genus als Wesen derselben Art, den Modus des Individuums als einzelne und den der Spezies als handelnde Wesen (Tanabe, 2011). Diese drei Modi befinden sich in einem absolut dialektischen Verhältnis, d.h. jeweils zwei vermitteln das eine und dieses zwischen den beiden ersten (ebenda). Dadurch besitzt kein Modus einen Vorrang. Weiterhin zählt er noch zwei Daseinsaspekte auf, nämlich den des Geistes bzw. des Geistig-Idealen und den der Materie bzw. des Materiell-Gegensätzlichen (das ist alles Wahrnehmbare, denn wir können nur Gegensätzliches wahrnehmen, wahrnehmen ist unterscheiden) (ebenda), wobei mir unverständlich ist, warum er nicht noch als dritten ebenso grundlegenden Daseinsaspekt die Psyche bzw. das Psychisch-Motivationale aufgeführt hat, womit diese drei Aspekte sich ebenfalls in einem absolut dialektischen Verhältnis befinden, d.h. keiner der drei Aspekte besitzt einen Vorrang.

Diese Modi und Aspekte sind nun folgendermaßen verbunden: Der Aspekt des Geistes verknüpft die beiden Modi des Individuums und der Spezies, indem wir als Individuum über_legen (übereinanderlegen und vergleichen), welche Möglichkeiten im Umgang mit etwas, von dem wir ergriffen sind, wir zu handeln haben und zu was bzw. zu welcher bestimmten Situation wir dabei kommen könnten (Zukunft), wir sind dabei geistige Subjekte, und als Spezies setzen wir die entsprechenden Entscheidungen und Pläne erwartungsvoll um, wobei wir dies mit einem entsprechenden Gefühl tun, und sind somit Objekte des Geistig-Idealen. Dabei steht das Geistige dem Modus des Genus gegenüber, wir sind im Allgemeinen als Gemeinschaftswesen dazu aufgefordert, unsere Wünsche, Ideale,

Pläne und Entscheidungen zu verantworten und die Konsequenzen unseres Handelns zu tragen, auch wenn wir noch nicht erkennen, wohin dies führt.

Der Aspekt der Psyche verbindet die beiden Modi des Genus und des Individuums, indem wir als Gemeinschaftswesen anfänglich nur im Austausch mit anderen, später wie andere <u>begreifen</u> (anfänglich auch wörtlich, also haptisch), was wir wahrgenommen haben, wo etwas bzw. eine bestimmte Situation herkommt (<u>Herkunft</u>), in dieser Dynamik sind wir psychische Subjekte, die sich, um zu begreifen, bewegt haben (Motivation kommt von lateinisch movere, bewegen), was uns als Individuum dann <u>ergreift</u>, bewegt und motiviert, dann sind wir Objekte des Psychisch-Motivationalen, die den Bezug des Wahrgenommenen zu sich <u>empfinden</u> und dabei etwas von sich finden. Dabei steht das Psychisch-Motivationale in der Hinsicht dem Modus der Spezies gegenüber, dass wir motiviert sind zu handeln, auch wenn wir noch nicht wissen wie.

Der Aspekt der Materie schließlich ist das Bindeglied zwischen den beiden Modi der Spezies und des Genus, indem wir handelnd am Materiellen, an den Gegensätzen etwas verändern, etwas <u>bewegen</u>, und somit körperlich-materielle Subjekte sind, während wir im Modus des Genus zusammen mit anderen oder ähnlich wie alle anderen, wenn sie es gerade wahrnehmen können, die Auswirkungen unseres Handelns <u>unterscheiden</u>, inwieweit unsere Erwartungen erfüllt sind oder nicht, was uns entsprechend anmacht bzw. <u>affiziert</u>, d.h. dabei sind wir Objekte des Materiell-Gegensätzlichen, die bei etwas bzw. in einer bestimmten Situation angekommen sind (<u>Ankunft</u>). Dieser Aspekt steht dem Modus des Individuums gegenüber, in welchem wir Enttäuschung empfinden oder Zufriedenheit, je nachdem inwieweit unsere Erwartungen erfüllt sind oder nicht, auch wenn wir noch nicht begriffen haben, wie das kommt.

Eine Situation ist ein raumzeitlich bezüglich eines Zieles begriffener Zusammenhang, in dem ein Lebewesen innerhalb bestimmter räumlicher und zeitlicher Grenzen bzw. Horizonte materielle Gegensätze unterscheiden bzw. wahrnehmen, Aussichten beurteilen (zu was es kommen und was es erreichen kann) und praktische Zusammenhänge sowohl induktiv als auch deduktiv als auch conduktiv schlussfolgernd sich erschließen kann, wo etwas im Allgemeinen herkommt, wohin etwas im Speziellen hinführen und womit man im Einzelnen zusammenkommen kann. Situationen, die Tiere wahrnehmen oder begreifen können, sind begrenzt durch ihre Ziele, während Menschen Situationen ohne irgendein bestimmbares Ende wahrnehmen oder begreifen können, nämlich Situationen mit einem unbekannten Ziel, z.B. die vollständige Situation des Universums, wie sie es begreifen. Menschen können ihre gesamte Lebenssituation wahrnehmen und begreifen, z.B., dass sie einmal sterben werden, Tiere aber nicht.

Den drei Daseinsaspekten entsprechen die drei grundlegenden Formen der Emotionen, nämlich der mit der Wahrnehmung verbundene <u>Affekt</u> als Objekt der Materie, die mit dem Begreifen verbundene <u>Empfindung</u> als Objekt der Psyche, wenn man bei sich als Individuum eine Regung[1] bzw. eine Betroffenheit spürt und so etwas von sich findet, und das mit dem Entscheiden verbundene <u>Gefühl</u> als Objekt des Geistes, wenn man mit bestimmten Erwartungen vorfühlt. Entsprechende Wahrnehmungsstrukturen sind dabei die <u>Rhythmik</u> als akzentuierter Wechsel der Gegensätze mit dem Beziehungsmuster der Ähnlichkeit und der materiellen Verankerung durch den Gegensatz lebendig-tot, was uns affiziert, die <u>Zeit</u> mit Beginn, Dauer und Ende der jeweiligen Spannung zwischen Gegensätzen mit dem Beziehungsmuster der Entwicklung und der materiellen Verankerung durch Werden-vergehen, was uns

---

[1] Regungen sind Bewegungen, durch die wir unterscheiden können, ob etwas oder jemand lebt oder nicht. Sie sind immer rhythmisch, d.h. es wiederholt sich immer wieder etwas Ähnliches.

empfindungsmäßig ergreift, und schließlich der <u>Raum</u> als Entfernung zwischen Gegensätzen mit dem Beziehungsmuster der Geordnetheit und der materiellen Verankerung nah-fern bzw. vertraut-fremd, was wir erwartungsvoll fühlen. Die entsprechenden Arten der Rezeption sind dann unterscheiden (differenzieren), Bescheid wissen (integrieren) und entscheiden (regulieren), und als Dispositionen haben wir die Haltung (körperlich-materiell in der Gegenwart), die Einstellung (psychisch-motivational aufgrund vergangener Erfahrungen) und die Stimmung (geistig-ideal auf die Zukunft ausgerichtet).

Beim Gedächtnis kann man sechs verschiedene Arten unterscheiden: Zum einen gibt es das Handlungs-und-Wirkungsgedächtnis, das Planungs-und-Beurteilungsgedächtnis und das Bedingungs-und-Weltanschauungsgedächtnis, die sich in einem absolut dialektischen Verhältnis befinden und daher zusammengefasst werden können zum (auto-)biographischen Gedächtnis (Kolb, 2017c). Zum anderen gibt es das Affektgedächtnis, das Empfindungsgedächtnis und das Gefühlsgedächtnis, die ebenfalls in einem absolut dialektischen Verhältnis stehen und zusammengefasst das emotionale Gedächtnis bilden (ebenda). Man kann sie auf einem Kreis anordnen, sodass man auf diese Weise einerseits kluges Handeln und dessen Entwicklung beschreiben kann (s. Anhang, Abbildung 1) und andererseits verantwortlich-reflektiertes menschliches Handeln und dessen Entwicklung (s. Anhang, Abbildung 3). Denken, was ja wortverwandt mit Gedächtnis ist, lässt sich dann beschreiben als Kommunikation zwischen zwei auf diesem Kreis angeordneten Gedächtnisarten und damit als Kommunikation zwischen biographischem und emotionalem Gedächtnis (Kolb, 2017e, S. 64 ff.).

Im Modus des Genus als Objekt der Materie und als psychisches Subjekt spielt der gemeinsame Raum als Wahrnehmungsstruktur die wichtigste Rolle, und wir sind durch diese Räumlichkeit aufgefordert, uns einzulassen, uns mit anderen auszutauschen und zu begreifen. Man kann auch sagen, dass wir in diesem Modus wählen müssen, ob wir uns einlassen und ob wir uns in die <u>Ekstase der Auskunft</u> und des Austauschs mit anderen[2] versetzen oder versetzen lassen. Als Individuum und Objekt der Psyche und geistiges Subjekt geht es hauptsächlich um Zeit und wir müssen in diesem Modus entscheiden, ob wir uns in die drei zeitlichen <u>Ekstasen der Herkunft, der Zukunft und der Ankunft</u> versetzen oder versetzen lassen. Wir sind aufgefordert, zu verstehen, zu planen und zu entscheiden. Als Spezies und Objekt des Geistes und materielles Subjekt sind wir durch das rhythmisch-akzentuierte Wechselspiel von Gegensätzen mit Bedingungen, Zusammenhängen und der lebendigen Wirklichkeit konfrontiert, was uns in die <u>Ekstase der Weltzugehörigkeit</u> versetzt, in die wir uns auch selbst versetzen können. Wir sind aufgefordert, lebendig zu sein und zu handeln.

Als empirische Unterfütterung dienen die von Fonagy et al. aufgeführten Forschungsergebnisse (Fonagy, Gergely, Jurist, & Target, 2008), die sie zu der Theorie geführt haben, dass sich bei der kindlichen Entwicklung zuerst das physische, das soziale, das teleologische, das intentionale und dann das repräsentationale Selbst entwickelt. Zum Begriff des Selbst lässt sich etwas differenzierter als Heidegger in Sein und Zeit (Heidegger, 2006) sagen, dass unser Selbst phänomenal enthalten ist in unserer jeweiligen Ergriffenheit (psychisch) und Erwartung (geistig), und sich im Materiellen als Täuschung oder Erfüllung zeigt. Indizien dafür, dass es sich um keine ethnozentrischen Einseitigkeiten handelt, sind, dass es im Tierreich ähnliche Selbstentwicklungsstufen gibt bis zum intentionalen Selbst (Kolb, 2017e). Nur das repräsentationale Selbst ist ausschließlich menschlich. Ferner entsprechen die dianoetischen Tugenden von Aristoteles in der Reihenfolge Verstand, Wissenschaft, Kunstfertigkeit, Klugheit (auch manche Tiere

---

[2] Auskunft kommt von „auskommen", dem Auskommen mit anderen, und das bedeutet, dass Auskunft das ist, was aus dem Austausch mit anderen kommt, vorausgesetzt, wir kommen einigermaßen gut mit ihnen aus.

werden laut Aristoteles bei den Griechen klug genannt) und Weisheit (Aristoteles, 1985) diesen Entwicklungsstufen. Schließlich gibt Nishida, der andere Gründer der Kyoto-Schule, zur Lösung des Identitätsproblems, wie ich ich selbst bleiben kann, wenn ich mich doch stets ändere, die Überwindung folgender Gegensätze an, die in der hier aufgeführten Reihenfolge ebenfalls den fünf Entwicklungsstufen des Selbst bei Fonagy et al. entsprechen: aktiv-passiv, objektiv-subjektiv, kontinuierlich-diskontinuierlich, linear-zirkulär und räumlich-zeitlich (Nishida, 2011). Wer sich diese Zusammenhänge nicht selbst erschließen kann, kann sie bei mir nachlesen (Kolb, 2017a; Kolb, 2017b; Kolb, 2017c), und für Entwicklungen im Tierreich (Kolb, 2017e).

Wenn man davon ausgeht, dass jede Analyse als Ziel eine Verbesserung dessen hat, was analysiert wird, dann ergibt sich für unser menschliches Dasein logisch als ultimatives wenn auch utopisches Ziel die vollkommene Überwindung (umgreifen und auflösen) aller Täuschungen und Enttäuschungen bzw. aller Gegensätzlichkeiten im Umgang mit der Materie bzw. der Realität. Dazu müssten unsere Erwartungen vollkommen erfüllt werden. Dafür müssten sie erfüllbar sein, d.h. auf dem vollkommen richtigen Verständnis unserer Möglichkeiten beruhen und dessen, was auf uns zukommen kann. Zur Erfüllbarkeit gehört daher, dass wir nichts Unmögliches wollen, d.h. von etwas ergriffen sind, was wir nicht erreichen können, wofür es also keine entsprechenden Möglichkeiten zur Erfüllung gibt. Wenn wir vollkommen begreifen würden, woher es kommt, dass wir von etwas ergriffen sind, dann würden wir aufgrund des vollkommenen Verständnisses unserer Möglichkeiten und der entsprechenden Handlungskonsequenzen auch vollkommen begreifen, ob wir dabei Erfüllung finden oder nicht und woher auch das kommt. Insgesamt ergibt sich daraus das vollkommene befindliche Verstehen unseres Worumwillens, wie Heidegger es nennt (Heidegger, 2006), d.h. wozu wir in der Welt sind. Statt „vollkommen" kann man auch „echt und unmittelbar" sagen, wobei „echt" sofort einsichtig ist, da es sonst zu Täuschungen kommen muss, während „unmittelbar" bedeutet, dass unser befindliches Verstehen durch nichts Anderes vermittelt sein darf als durch unser Worumwillen, als dadurch, wozu wir in der Welt sind, sonst ist es von etwas anderem abhängig und daher nicht vollkommen. Das Wozu bzw. der Sinn unseres Daseins liegt einerseits darin, dass wir leben wollen, und zwar in der Welt und mit anderen, sonst wäre es kein Leben. Andererseits werden wir alle früher oder später sterben, sodass der Sinn unseres Daseins für uns erst einmal weder echt noch unmittelbar verstanden werden kann. Wenn wir diesen Gegensatz im Verständnis des Umgangs mit der Realität überwunden hätten – und wir können jetzt schon lernen, immer besser damit umzugehen –, dann würden wir den Sinn unseres Daseins unmittelbar und echt verstehen und damit auch den unserer jeweiligen Ergriffenheit. Dieser Sinn ist in unserem Dasein von vorneherein verankert und zeigt sich an vielen Stellen, insbesondere in der kindlichen Entwicklung, aber diesen Sinn gibt es schon bei allen Lebewesen. Somit ist der Sinn im Dasein bereits erschlossen, wenn auch noch lange nicht verstanden. Ergriffenheit und Worumwillen sind zwar verschieden, aber bei echtem und unmittelbarem Verständnis unserer Ergriffenheit würden wir auch echt und unmittelbar unser Worumwillen verstehen und umgekehrt. Insofern sind echtes und unmittelbares Verstehen unserer Ergriffenheit und das unseres Worumwillens äquivalent. In diesem utopischen Idealfall wären auch Geist und Psyche (jeweils als Aspekte) vollkommen vereint bzw. äquivalent (Kolb, 2017a).

Als <u>Individuum</u> ist mein Dasein ganz im <u>Für-Sich</u>, ganz auf sich allein gestellt, denn die Bürde seiner Befindlichkeit als Objekt der Psyche kann mir niemand abnehmen („Jeder hat sein eigenes Kreuz zu tragen"), und meine Würde als Entwerfender, als geistiges Subjekt, kann mir auch niemand streitig machen („Die Gedanken sind frei"). Als Individuum bestimmt sich mein Dasein ganz und gar selbst, es ist ganz und gar ein Einzelnes, erwartungsvoll entwerfende und befindlich ergriffene Geworfenheit (Heidegger, 2006). Mit meiner Bürde und Würde ist mir als Individuum mein Selbst vollkommen und ganzheitlich erschlossen, wenn auch nicht unbedingt verständlich. Das ganzheitliche Selbstverständnis ist das, was den Modus des Individuums idealerweise auszeichnet. Alles, was mich betrifft, kann ich dadurch „selbstverständlich" immer besser vorhersehen.

Als Spezies ist mein Dasein ganz im An-Sich, es kommt aus dem Für-Sich heraus und tritt als etwas Besonderes an seine Umwelt heran, mit seiner Umwelt in Kontakt, denn mit seiner Absicht, als Objekt des Geistes eine bestimmte Möglichkeit seines Seinkönnens in die Tat umzusetzen, trägt es etwas Besonderes in besonderer Weise an seine Umwelt heran, und in der tatsächlichen Umsetzung als materielles Subjekt entstehen Wechselwirkungen, entsteht Kontakt, und mein Dasein bekommt auch etwas an sich heran. War der Entwurf meines Seinkönnens noch ein Teil von mir selbst, so ist das, was im Kontakt mit meiner Umwelt entsteht, meinem Dasein erst einmal fremd, die Tat erzeugt also die Bewegung der Selbstentfremdung, wenn man den anderen oder die Umwelt als fremd bezeichnet. Als Spezies bestimmt mein Dasein ganz und gar meine Umwelt und handelt im Idealfall effektiv und nur aufgrund von eigenen Erwartungen, oft aber auch aufgrund von Erwartungen anderer. Autonomie und Effektivität sind das, was den Modus der Spezies idealerweise auszeichnet. Mit anderen und der Welt sind dann Probleme immer erfolgreicher lösbar.

Als Genus ist mein Dasein in einer Bewegung vom Fremden zurück zu mir selbst, indem ich das Fremde, das Ergebnis des Kontakts, mit meinen Sinnen als Objekt der Materie wahrnehme und auf entsprechende Widerfahrnisse positiv reagiere, wenn die Erwartungen erfüllt sind, negativ, wenn nicht, oder mit mehr oder weniger neutralem oder ambivalentem Affekt, wenn sie teils erfüllt, teils nicht erfüllt sind, um das Wahrgenommene dann selektiv als psychisches Subjekt u.U. zusammen mit anderen zu betrachten, zu begreifen (das Wahrgenommene also in seiner Bedingtheit zu verstehen) und so als das affektiv Begriffene in Form einer Repräsentation der Realität und als Haltung gegenüber der Welt und anderen wieder zu einem Teil von mir selbst zu machen. Ich nenne dieses Begreifen deswegen *affektiv* ergreifendes Verstehen, weil mein Dasein als Objekt der Materie mit der Wahrnehmung von etwas immer auch angenehme oder unangenehme Affekte bekommt, wodurch es bereits unmittelbare Kontingenzen auf sein Verhalten entdecken kann und so ein erstes Begreifen ermöglicht wird. Damit ist mein Dasein als Gemeinschaftswesen sowohl im An-Sich als auch im Für-Sich, also im <u>An-und-Für-Sich</u>. Es befindet sich ganz und gar im interaktiven und kommunikativen Austausch mit der Welt und anderen, im affektiv ergreifenden Verstehen, und ist damit ganz und gar ein Allgemeines, es ist im ausdrücklich-eindrücklich Sich-Aneignen der Realität in Form bestimmter Repräsentationen. Nach einer entsprechenden Tat als Spezies kann mein Dasein als Genus begreifen, ob und wie weit die Überwindung von Täuschungen bzw. Gegensätzlichkeiten der Materie sowohl für mich selbst, als auch im Idealfall gleichermaßen solidarisch mit anderen gelungen ist. Die <u>kommunikative Solidarität</u> (Rentsch, 1999, S. 258) ist das, <u>was den Modus des Genus idealerweise auszeichnet</u>. Mit anderen und mit der Welt besteht dann im Idealfall eine <u>harmonische Geordnetheit</u>, in der sich alles harmonisch entfalten kann, weil sich alles miteinander im Einklang befindet.

Damit ist klar, dass beim Erreichen dieses utopischen Ziels ich das Worumwillen meines eigenen Daseins und das vom Dasein aller anderen, die mir begegnen, ja sogar den Sinn von allem, was mir in der Welt begegnet und mir widerfährt, echt und unmittelbar befindlich verstehe. Dieses Ziel möchte ich <u>vollkommene Liebe</u> nennen. Es beinhaltet <u>vollkommene</u>

Selbst-Liebe und vollkommene Fremd-Liebe gleichermaßen. Utopische Ziele sind nur dann sinnvoll, wenn stetige Fortschritte und entsprechende Verbesserungen auf dem Weg dorthin möglich und nutzbringend sind, auch wenn das Ziel selbst unerreichbar bleibt. Dann ist eben der Weg das Ziel. Wenn die vollkommene Liebe ultimatives Ziel und damit der Sinn unseres Daseins ist, dann war dies von Anfang an gegeben. Auf die Welt und andere bezogen bedeutet dies, dass von Anfang an, also etwa vom Urknall an, eine vollkommene harmonische Entfaltung angestrebt wurde, mit den drei Aspekten einer allgemeinen vollkommenen Ordnung, im Einzelnen einer vollkommenen Vorhersehbarkeit und im spezifischen eine vollkommene Problemlösbarkeit. Man könnte diese teleologische Daseins- und Weltkonzeption auch so beschreiben:

„[1]Im Anfang war das Wort von der vollkommenen Liebe, und dieses Wort war bei allem, und alles war dieses. [2]Dieses Versprechen war im Anfang bei allem. [3]Alles danach entstand aufgrund dieses Ziels, und ohne dieses war nichts, was gemacht ist. [4]Mit diesem Ziel war jede Entwicklung angelegt, und die Entwicklung der vollkommenen Liebe war das Licht der Menschen. [5]Und das Licht scheint immer weiter zur Orientierung, auch wenn es als solche nicht begriffen wird.“ (Frei nach dem Johannesevangelium, 1. Kapitel, 1 - 5)

Aus dieser Konzeption ergibt sich, dass je weiter unsere Fähigkeit entwickelt ist, vollkommen zu lieben, desto mehr sind wir bereit, unsere zukünftige Existenz hinzugeben, indem wir Versprechen geben und halten, desto mehr versinkt unsere Vergangenheit in der Bedeutungslosigkeit, weil wir nichts davon mehr persönlich[3] übelnehmen, und unsere momentane Situation nehmen wir immer dankbarer an (Kolb,

---

[3] Dabei meint Persönlichkeit das Image, welches wir bei anderen haben, den Gesamteindruck, den sie sich von uns gemacht haben. Unser Selbst

2017a). Damit sind die beiden Handlungsweisen des Verzeihens (etwas nicht mehr persönlich übelnehmen) und des Versprechen-Gebens und -Haltens, die laut Hannah Arendt die beiden Grundprobleme zwischenmenschlichen Handelns, nämlich die Unabwägbarkeit und die Unwiderruflichkeit, immer besser lösbar machen (Arendt, 1967), Handlungen der Liebe, und je besser derartige Lösungen gelingen, desto vollkommener ist unsere Liebe. Als Handlungen der Liebe fördern sie sowohl die kommunikative Solidarität als auch die Effektivität jeglichen autonomen Handelns, und um etwas nicht mehr persönlich übelzunehmen, benötigen wir ein entsprechendes Selbstverständnis. Dabei gilt, je schlimmer oder tiefer wir uns von der Tat eines anderen getroffen und betroffen fühlen und in unserem Handeln beeinträchtigt, desto tiefer und vollkommener muss unser Selbstverständnis sein, damit wir es der anderen Person nicht mehr persönlich übelnehmen. Eine Tat kann man nicht verzeihen, nur dem Täter in diesem Sinne. Damit dürfte meine Definition der Liebe hinreichend intelligibel und verständlich gemacht sein, sodass ich mich nun dem Begriff der Resonanz zuwenden kann.

---

ist der Gesamteindruck, den wir von uns selbst haben, unser Ich ist das, was sich im Moment gerade mitunter auch lautstark meldet, und unsere Person oder unser eigentliches Selbst ist das, was wir hinter all unserem Ausdruck vermuten, was durch alle unsere Erscheinungsbilder „hindurchtönt" (von lat. per-sonare).

## 2. Soziale Resonanz und ihre Anwendungsmöglichkeiten

Im letzten Kapitel klang der Begriff der Resonanz in Form von Rhythmus oder Rhythmik bereits an, am Rhythmus lässt sich Lebendigkeit erkennen, und in der vollkommenen Liebe wären wir mit allen anderen und der Welt im Einklang, also in vollkommener gegenseitiger Resonanz. Bei allen Lebewesen spielen beide Phänomene bis hinab auf die zelluläre Ebene eine zentrale Rolle: Al-Khalili und McFadden haben überzeugende Hinweise gesammelt (Al-Khalili & McFadden, 2015), dass lebende Zellen und damit alle Lebewesen ohne Quanteneffekte wie z.B. Tunneln und Nichtlokalität, die sie sich zunutze machen, nicht existieren könnten (ebenda). Damit Quanteneffekte nutzbar sind, damit also die nötige Kohärenz auf der subatomaren Ebene lange genug aufrechterhalten wird, muss der Wellencharakter der subatomaren Strukturen (Elektronen, Protonen u.ä.) geschützt werden. Bei technischen Lösungen dieses Problems, etwa bei der Konstruktion von Quantencomputern, schirmt man entsprechende Apparaturen so weit wie möglich ab und senkt die Temperatur bis in die Nähe des absoluten Nullpunktes. Lebewesen ist dies alles nicht möglich, sie scheinen eine andere Lösung gefunden zu haben: einerseits halten sie das „thermodynamische Rauschen" (chaotische Schwingungen aufgrund von Temperatur) im Rahmen eines sogenannten „weißen Rauschens" und möglichst konstant – insbesondere bei Tieren mit konstanter Körpertemperatur –, und andere Schwingungen, die sich davon abheben, modulieren sie innerhalb der Zelle derart, dass sie via Resonanz den Wellencharakter der subatomaren Strukturen unterstützen. Auch anderweitig spielen Resonanz und Rhythmus bei Lebewesen eine große Rolle: ob etwas lebt, erkennen wir z.B. intuitiv daran, ob sich bei ihm etwas rhythmisch bewegt. Dies können wir nur dadurch wahrnehmen, dass wir in Resonanz zu derartigen Bewegungen treten, die wir dann Regungen nennen.

Unsere gesamte Wahrnehmung beruht letztlich darauf, dass wir zuerst in unseren Sinnesorganen zu bestimmten Schwingungen oder Rhythmen in Resonanz treten, die entsprechenden Schwingungsmuster zum Gehirn geleitet werden und dort als Schwingungsmuster weiterverarbeitet werden, was dann insgesamt bestimmte Regungen bei uns auslöst, die ja auch den Charakter von Schwingungsmustern haben. Beim Gesichts- und Gehörsinn lassen sich die entsprechenden Befunde gut derart interpretieren, und beim Geruchssinn passt die quantenbiologische Erklärung und Beschreibung von Al-Khalili und McFadden ebenfalls zu dieser Sichtweise. Die jeweiligen Regungen können wir dann weiterverarbeiten und so unser In-Resonanz-treten steuern und lenken.

Wegen dieser Verarbeitungsmöglichkeiten müssen wir uns davor hüten, die Resonanz zwischen Lebewesen rein physikalisch zu betrachten. Schon bei verschiedenen Tieren können ganz ähnliche physikalische Schwingungsmuster der Lautäußerung ein Zeichen für vollkommen verschiedene Zustände des betreffenden Tieres sein. Man nehme nur das Schnurren einer Katze und das Knurren eines Hundes, einer der Gründe, warum sich diese beiden Tierarten nur schwer verstehen. Bei uns Menschen kommt noch hinzu, dass unsere sprachlichen Lautäußerungen nicht nur zeichenhaft, sondern auch bedeutungsvoll sind. Resonanz muss daher wörtlich vom Lateinischen her als „Zurücktönen" im Sinne von gegenseitigem Antworten verstanden werden. Insofern hat bei uns Menschen Resonanz immer auch etwas mit Verantwortung zu tun. Resonanz hat einerseits eine physikalische Bedeutung, denn rein physikalische Schwingungsmuster wie z.B. ein Donnergrollen lösen bei uns ebenfalls bestimmte Regungen aus, unabhängig davon, ob wir sie als Zeichen für etwas sehen wie für drohenden Blitzeinschlag oder ihnen eine Bedeutung geben wie z.B., dass ein Gott zornig auf uns ist, andererseits kann dasselbe Schwingungsmuster unterschiedliche Regungen und damit ganz verschiedene Resonanz bzw. Reaktionen bei uns auslösen, je nachdem für was für ein Zeichen wir es halten oder was für eine Bedeutung wir ihm geben. Auf diese Weise können wir nämlich Resonanzen und damit Beziehungen regeln, lenken und steuern und verantwortungsvoll oder unverantwortlich damit umgehen. Wir sind nicht physikalischen Schwingungs- und Resonanzgesetzen hilflos ausgeliefert. Dazu ist es aber wichtig, auch die physikalische Seite zu begreifen.

Was wäre denn der Fall bezüglich der Schwingungsmuster und der Resonanz im Fall der vollkommenen Liebe? Im Modus des <u>Genus</u> wären wir vollkommen im Einklang mit den anderen in unserer Situation und mit allem, was uns in der Welt begegnet und widerfährt, wir wären vollkommen in Resonanz mit allem in dem <u>Raum</u> um uns herum, im Modus des <u>Individuums</u> wären wir vollkommen mit uns selbst im Einklang, d.h. wir wären vollkommen in Resonanz mit uns selbst bzw. mit unserem eigentlichen Selbst, unserer Person, in der Gesamtsituation unseres Lebens in seiner <u>zeitlichen</u> Ausdehnung, und im Modus der <u>Spezies</u> würden wir durch unsere eigenen persönlichen Schwingungen und Äußerungen, unseren jeweils eigenen <u>Lebensrhythmus,</u> alles um uns herum zu harmonischen Schwingungen anregen und einladen, sodass alles mit uns in Resonanz treten könnte. Durch unser Lachen z.B. würden wir alles zum Lachen anregen bzw. zum Beben bringen – eine amüsante Vorstellung.

Im Modus des Genus würden wir als Objekt der Materie dadurch, dass wir vollkommen in Resonanz mit allem treten würden, alles vollkommen und als vollkommen wahrnehmen und als psychisches Subjekt vollkommen und als vollkommen begreifen, im Modus des Individuums würden wir als Objekt der Psyche vollkommen Bescheid wissen und als geistige Subjekte uns selbst über die dadurch ausgelösten Regungen und Schwingungsmuster unmittelbar und echt vollständig verstehen, da wir über unmittelbare Resonanz zu uns selbst diese Regungen wahrnehmen und begreifen würden, und im Modus der Spezies würden wir als Objekte unseres Geistes autonom unsere eigenen Schwingungsmuster benutzen, um als materielle Subjekte vollkommen effektiv alles um uns herum zu einer harmonischen Resonanz anzuregen bzw. zu bringen.

Hierbei wird der Unterschied zwischen rein physikalischer Resonanz und der zwischen Lebewesen noch einmal deutlich: Physikalische Resonanz gehorcht den Gesetzen der Kausalität und lässt sich jederzeit erzwingen, Lebewesen und insbesondere Menschen lassen sich nur anregen oder einladen, sie sind in Bezug auf Resonanz unverfügbar. Da es Gewöhnungs- und Abstumpfungseffekte gibt, sind Lebewesen in dieser Hinsicht sogar unverfügbar für sich selbst.

Wenn man sich im Tierreich umschaut, kann man feststellen, dass die Tiere, die besser in Resonanz mit ihrer Umwelt treten können, meist auch klüger sind als andere, z.B. Oktopusse, die Farben und Muster ihrer Umgebung nachahmen, Papageie, Rabenvögel und Affen, die alles Mögliche nachäffen können. Ferner zeigt die Pisa-Studie, dass die Schulleistungen in den Gegenden besser sind, in denen die Kinder zweisprachig aufwachsen oder zumindest sowohl Hochsprache als auch Dialekt sprechen, d.h. hier müssen Kinder ihre Resonanzfähigkeiten weiter entwickeln: in Finnland redet man Finnisch und Schwedisch, zwei sehr unterschiedliche Sprachen, und im Süddeutschen gibt es fast überall Dialekte, die sich stark vom Hochdeutschen unterscheiden wie z.B. Bayrisch, Fränkisch, Schwäbisch, Pfälzisch, Alemannisch und Hessisch. In Norddeutschland dagegen sind die plattdeutschen Dialekte weitgehend ausgestorben, werden nur noch von Älteren gesprochen und von Kindern nicht verstanden.

Hierbei zeigt sich ein weiterer Aspekt des Resonanzbegriffes: Es gibt die Fähigkeit, in Resonanz zu treten oder andere dazu anzuregen, und diese ist erlernbar, und zwar auf den Stufen des physischen, sozialen, teleologischen, intentionalen und repräsentativen Selbst in zwischenmenschlichen Beziehungen durch Begeisterung und Beseelung z.B. durch die Mutter, was ich früher schon beschrieben habe (Kolb, 2017b). Dadurch angeregt tritt ein Kind in Resonanz und entwickelt auch die Fähigkeit, andere zur Resonanz mit ihm anzuregen. Von Anfang an ist ein Kind auf Resonanz angewiesen, wir alle haben Zeit unseres Lebens ein intrinsisches Interesse an Resonanz, und wir lernen auf den verschiedenen Stufen der Selbstentwicklung, andere immer wirksamer einzuladen, mit uns in Resonanz zu treten. So entwickeln wir immer mehr die Fähigkeit, mit anderen und mit allem, was uns in der Welt begegnet, in Beziehung zu treten und Resonanz herzustellen, wodurch wir uns dann entsprechend ändern und ändern lassen. Mit der Selbstentwicklung wird unsere „eigene Stimme", die Resonanz anregen kann, immer konturierter. Dies ist allerdings nur dann möglich, wenn die wichtigen Prinzipien, denen die Mutter-Kind-Beziehung in den ersten Jahren im günstigen Fall folgt, immer wieder entsprechend beachtet werden. Die mithilfe der fünf Entwicklungsstufen des Selbst hergeleiteten ethischen Prinzipien sind in der Reihenfolge ihres Auftauchens für ein Kind das Prinzip der Leidminderung, der Fairness, der Hierarchie mit anerkennenswerten Autoritäten, der Loyalität und Bündnistreue und der Reinhaltung von Beziehungen durch Verzeihen (nicht mehr persönlich übelnehmen) und Wiedergutmachung (Entschuldigung und Reue, versprechen, sich um Besserung zu bemühen, Schaden beheben, wenn möglich) (Kolb, 2017e, S. 102 f.).

Wenn wir uns nun soziologischen Betrachtungen zuwenden wollen, müssen wir den Begriff der Resonanz so fassen, dass er für entsprechende sozialwissenschaftliche Untersuchungen operationalisierbar wird. Dazu mag folgende Ausführung über allgemeine Entwicklungsprozesse innerhalb von Systemen hilfreich sein. Wenn durch äußere Umstände oder durch eine Vermehrung der einzelnen Elemente eines Systems deren Anzahl pro Raumeinheit zu einem bestimmten Zeitpunkt über ein kritisches Maß ansteigt, droht Chaos. Entweder wird das System dadurch vernichtet, oder es kann sich auf einer höheren Entwicklungsstufe selbst neu organisieren, dadurch eine höhere Ordnung, eine bessere Vorhersehbarkeit und erfolgreichere Problemlösungsmöglichkeiten entwickeln und so die durch die zu große Dichte entstandenen Probleme lösen (vgl. ebenda, S. 15). Wenn es zu Wachstum und Entfaltung kommt, dann muss eine bessere Art Harmonie entstehen, sonst zerstört das wachsende Chaos das Ganze wie ein Krebsgeschwür. Umgekehrt fördert Harmonie Wachstum und Entfaltung, sodass man ab einem bestimmten Punkt ein höheres Niveau an Harmonie braucht usw. Die Entfaltung in Form von Vermehrung ist ein quantitativer und kontinuierlicher Prozess, der naturwissenschaftlich erklärt werden kann, während die Entwicklung der Harmonie qualitativ ist und sich in einem plötzlichen Emergenz-Prozess vollzieht, der sich dem naturwissenschaftlichen Verständnis entzieht und nur qualitativ sozialwissenschaftlich erforscht werden kann. Beide Arten von Prozessen bedingen sich gegenseitig, ohne Entfaltung entwickelt sich die Harmonie nicht weiter, und ohne Harmonie kommt es zu keiner weiteren Entfaltung. Die Naturwissenschaften können nur die eine Hälfte der Evolution verständlich machen, für die andere Hälfte muss sie den qualitativ ausgerichteten Sozialwissenschaften Platz machen.

Nehmen wir als Beispiel ein Publikum, welches nach einer künstlerischen Darbietung klatscht. Je mehr Leute aus dem Publikum immer schneller und lauter klatschen, weil sie die Darbietung so gut fanden und dies gerne zum Ausdruck bringen wollen, desto mehr Klatschlaute mit entsprechender Phonzahl füllen den Raum in jedem Augenblick, sodass der

Lärm immer chaotischer zu werden droht, bis auf einmal ein Klatschrhythmus entsteht, der von niemandem angeleitet wurde, sondern sich selbst organisiert hat und auf diese Weise wesentlich klarer und deutlicher die Anerkennung für die künstlerische Leistung ausdrückt, als es in dem vorangegangenen Chaos möglich war.

Wachstum und Entfaltung lässt sich wie bei Hartmut Rosa soziologisch heute bei uns operationalisieren als technische Beschleunigung, Beschleunigung des sozialen Wandels und Beschleunigung des Lebenstempos, also insgesamt als soziale Akzeleration (Rosa, 2005), die sich quantitativ bestimmen lässt. Die Selbstorganisation eines Systems ist beschreibbar als Effekt der wechselseitigen Resonanz vermittelt durch eine Verbundenheit, deren Stärke über einem noch zu bestimmenden kritischen Wert liegen muss. Im Fall des klatschenden Publikums war die Verbundenheit durch eine gemeinsame Begeisterung gegeben und der daraus folgenden gemeinsamen Absicht, diese eigene Meinung den Künstlern mitzuteilen, und die Stärke der Verbundenheit teilte sich den verschiedenen Personen des Publikums durch die für die meisten passende Lautstärke des Klatschens mit. Resonanz gibt es nur bei Verbundenheit, zwei Stimmgabeln sind durch das Medium der Luft zwischen ihnen verbunden, sowie durch gemeinsame Eigenfrequenzen, und der Luftdruck sowie die Menge der gemeinsamen Eigenfrequenzen bestimmen die Stärke der Verbindung, sodass z.B. die eine Stimmgabel in Schwingung gerät, wenn die andere angeschlagen wird. Im Sozialen besteht die Verbundenheit aus Gemeinsamkeiten, hauptsächlich aus gemeinsamen Interessen und Absichten (das entspricht den Eigenfrequenzen der Stimmgabeln) und einer gemeinsamen Verständigungsmöglichkeit (das entspricht der Luft zwischen den Stimmgabeln), und die Stärke der Verbundenheit aus der Dichte der gegenseitigen Kommunikation (das entspricht dem Luftdruck).

Die Parallelen zwischen Eigenfrequenzen und Interessen bzw. Absichten gehen sogar noch weiter: Unterschiedliche Interessen zwischen Menschen, die miteinander relativ eng verbunden sind, gleichen sich nach einiger Zeit an, wenn die Unterschiede nicht zu gravierend sind. Dabei kann es zwischenzeitlich auch zu Polarisierungen kommen. Das resultierende und schließlich stabile gemeinsame Interesse ist dann ein echter Kompromiss, der sich von den ursprünglichen Interessen unterscheidet. Dazu gibt es folgendes physikalisches Experiment: Man nehme zwei Metronome, stelle sie auf eine etwas unterschiedliche Frequenz ein und setze sie nebeneinander auf ein Brett, an dem Rollen befestigt sind, die das Brett in denselben beiden Richtungen beweglich machen, in denen die Pendel der Metronome schwingen. Nach mehreren instabilen Phasen, in denen die Metronome teils fast gleich und teils entgegengesetzt schwingen, entsteht dann ein gemeinsamer Rhythmus, der stabil bleibt und sich von den beiden vorher eingestellten Frequenzen unterscheidet, d.h. der einen echten Kompromiss darstellt. Derartig stabile Kompromissbildungen sind auch der Grund, warum von Eltern gestiftete Ehen ihrer Kinder statistisch genauso harmonisch sich entwickeln können wie Ehen, die romantisch durch gegenseitige Verliebtheit entstanden sind.

Neben diesen harmonischen und stabilen Annäherungen von Eigenfrequenzen bzw. Interessen gibt es das gegenseitige Aufschaukeln, was in sogenannten Resonanzkatastrophen enden kann, z.B. wenn eine Soldatenkompanie im Gleichschritt über eine Brücke geht, die dadurch einstürzt, oder wenn ein Demagoge wie Goebbels durch seine Rede im Berliner Sportpalast die Stimmung derart aufheizt und seine Zuhörer so aufhetzt, dass sie auf seine Frage am Ende der Rede, „Wollt ihr den totalen Krieg?", alle zusammen „Ja" brüllen. Ein anderes Beispiel sind konkurrierende Gruppen oder solche mit gegensätzlichen Interessen, bei denen sich tödliche Feindschaft entwickeln kann, wie dies z.B. in dem Film „Das

Experiment" dargestellt wird. Was macht nun den Unterschied zwischen einer Annäherung durch Resonanz und einer Resonanzkatastrophe?

Der entscheidende Unterschied liegt m.E. darin, dass es bei Resonanzkatastrophen keine Verbundenheit bzw. keinen Raum für eine echte gegenseitige Resonanz des gesamten Systems im Sinne von gegenseitigen Beeinflussungsmöglichkeiten gibt. Zwischen den Soldaten und der Brücke gibt es das nicht, die Soldaten merken gar nicht, wie sie die Eigenfrequenz der Brücke immer mehr anstacheln, bis es zu spät ist, das Publikum von Goebbels war nicht im Kontakt mit dem Rest der Welt, und Goebbels selbst als ausgesprochener Narzisst ebenfalls nicht, bis nach schrecklichem Leid, das sich fast über die ganze Welt ausbreitete (daher der Name Weltkrieg) die das Leid beendende Antwort der Weltmächte kam, die Deutschland besetzten und den Deutschen erst einmal die Augen öffneten, d.h. den gesamten Resonanzraum wiederherstellten, den die Nazis zerstört hatten. Und konkurrierende Gruppen oder solche mit gegensätzlichen Interessen erzeugen innerhalb der Gruppe einen derartigen Gruppendruck, dass niemand sich traut, Kontakt mit den anderen aufzunehmen oder deren Verhalten in anderer Weise als negativ zu interpretieren. Auch hier gibt es keinen gemeinsamen Resonanzraum, und es entstehen Feindbilder und feindliche Reaktionen, die sich immer mehr aufschaukeln.

An dieser Stelle möchte ich auf eine gefährliche implizite Annahme der Moderne aufmerksam machen, die ich mir selbst auch erst ausdrücklich bewusstmachen musste. In unserem aufgeklärten und säkularen Zeitalter nehmen wir es als selbstverständlich an, nachdem es z.B. gelungen ist, die Menschen in unserem Kulturkreis zu zivilisieren und das dunkle Mittelalter mit seinen abergläubischen Gewalttaten und Ungerechtigkeiten zu überwinden, dass Menschen prinzipiell gut seien, wenn man sie nur zur Vernunft gebracht habe. Dann sei selbst jegliche Form des Egoismus ungefährlich, da über die

Vernunft das Gemeinwohl immer wieder hergestellt werde. Jeder vernünftige Mensch müsse doch erkennen, dass alles, was das Gemeinwohl schädige, auch den gemeinschaftlichen Austausch beeinträchtige und schließlich z.B. die gesamte Wirtschaft negativ beeinflusse und damit auch jeden Egoisten. Der Fehlschluss bei dieser Annahme besteht darin, dass wir von einem derartig hohen Niveau der Vernunft noch weit entfernt sind, vor allem deswegen, weil wir u.a. nicht in derart großen Zeiträumen vernünftig denken können, bis sich egoistisches Verhalten auch für uns negativ auswirkt. Als Indiz dafür möchte ich die hohe Inzidenz von Suchterkrankungen anführen, denn dabei sieht der Suchtkranke nur den kurzfristigen Gewinn und übersieht die langfristigen negativen Konsequenzen. Mit dem Begriff der Resonanz ausgedrückt verengen wir unseren sozialen Resonanzraum oft derart, dass wir mit in weiter Ferne liegenden Ereignissen nicht in Kontakt bzw. in Berührung sind.

Gefährlich ist der naive Glaube an die Vernunft aber nicht nur für den Einzelnen, der Suchterkrankungen entwickeln kann, sondern auch für die Menschheit insgesamt, wenn wir darauf vertrauen, dass eine Regierung oder ein Staat seinem Volk oder anderen Völkern auf Dauer nichts Negatives antun würde. Faschismus und Nationalismus haben uns da schon eines Besseren belehrt. Es gibt eben nicht nur ein Streben nach vollkommener Liebe oder nach einem sowohl räumlich als auch zeitlich unendlich großen sozialen Resonanzraum, was sicherlich das Vernünftigste wäre, sondern auch die Abkehr davon. Insgesamt lässt sich vom Konzept der Resonanz her sagen, dass das eigentlich Böse, Katastrophale und Schlimme, die eigentliche (Erb-) Sünde bzw. Absonderung die Einengung oder Abschottung unseres Resonanzraumes ist, egal ob sie vom Einzelnen oder von Gemeinschaften betrieben wird. Umgekehrt ist die Öffnung von Resonanzräumen gut, sofern sie unsere Resonanz- bzw. Liebesfähigkeit fördert[4]. Dass dann unbedingt Resonanz entstehen muss, ist eine weitere naive Annahme unseres Zeitalters. Das tatsächliche Entstehen von Resonanz ist unverfügbar und damit eine Gnade, für die wir zwar viel tun können und auch sollten, die wir aber nicht erzwingen können. Anthropozentrisches Denken, dass die Menschheit sich selbst erlösen bzw. ein geglücktes Dasein führen könnte, ist menschliche Selbstüberschätzung. Gott ist in diesem Sinne noch lange nicht tot und wird es auch niemals sein.

Allgemeine Voraussetzungen bzw. notwendige Bedingungen im Modus des Genus für soziale Resonanz sind Gemeinsamkeiten, Verbundenheit und Offenheit. Resonanz charakterisiert alle unsere Beziehungen, zu anderen, zur Welt und zu allem was uns widerfährt. Wir streben zwar nach Gemeinsamkeiten mit anderen, nach Verbundenheit und Offenheit mit ihnen, wir empfinden Resonanz als subjektiv gut, aber Resonanz ist nicht immer und in allen Bereichen gut z.B., wenn die Offenheit an bestimmten Stellen eingeschränkt und begrenzt ist (bei wem ist sie das nicht), wie die Beispiele von Resonanzkatastrophen zeigen. Objektiv gut ist Resonanz nur dann, wenn sie die Liebesfähigkeit fördert, denn die vollkommene Liebe ist uns als Ziel von Anfang an gegenübergestellt und damit das einzige und ultimative Objektive. Je weiter wir uns hinsichtlich des Ziels der vollkommenen Liebe entwickelt haben, desto mehr Resonanz können wir vertragen und desto mehr ist objektiv gut für uns, im Extremfall der vollkommenen Liebe wäre jede Resonanz objektiv gut, weil wir dann für alles offen sind.

---

[4] Dazu passt das Kafka-Zitat: „Du kannst Dich zurückhalten von den Leiden der Welt, das ist Dir freigestellt und entspricht Deiner Natur, aber vielleicht ist gerade dieses Zurücktreten das einzige Leid, das Du vermeiden könntest." (Aphorismus Nr. 103)

Betrachtet man die individuelle Seite, also was für individuelle Bedingungen notwendig für Resonanz sind, dann geht es darum, inwieweit jemand offen ist für eine bestimmte widerfahrende Resonanz und inwieweit er offen genug auf andere eingehen kann, um sie zum resonanten Austausch einzuladen bzw. anzuregen, und beides hängt von seiner jeweiligen Disposition ab. Bei den Emotionen habe ich zwischen (1) allgemeinen Affekten verknüpft mit der momentanen differenzierenden Wahrnehmung im Modus des Genus als Objekt der Materie, (2) individuellen Empfindungen verknüpft mit dem integrierenden Begreifen der Herkunft der Selbst-Betroffenheit im Modus des Individuums als Objekt der Psyche und (3) den spezifischen Gefühlen verknüpft mit dem erwartungsvollen befindlichen Verstehen der zukünftigen regulierenden Möglichkeiten des Seinkönnens im Modus der Spezies als Objekt des Geistes unterschieden (s. 1. Kapitel). Mithilfe des Rhythmus lässt sich nun die Intensität und Dauer von Emotionen beschreiben, wobei ich die länger dauernden Emotionen bei Affekten als Haltungen, bei Empfindungen als Einstellungen und bei Gefühlen als Stimmungen des Daseins bezeichnen will, die alle Wahrnehmungen, Meinungen und Handlungen überlagern und mit ihnen interferieren (wie Wellen): Der alltagssprachliche Begriff Stimmung legt schon nahe, dass es sich um Schwingungen, also um Rhythmen handelt, die durch Resonanz beeinflusst werden, aber auch selbst andere Rhythmen via Resonanz beeinflussen können. Jeder Affekt, jede Empfindung und jedes Gefühl wird jeweils angestoßen durch bestimmte Wahrnehmungen, durch ein Begreifen einer bestimmten Selbst-Betroffenheit (Meinung) und durch das Verstehen einer bestimmten Möglichkeit des Seinkönnens. Nachdem die entsprechende Emotion angeregt worden ist, schwingt sie in einem gewissen Rhythmus nach und verlischt erst, wenn das damit zusammenhängende Problem oder die entsprechende Aufgabe befriedigend gelöst wurde, oder nach einer gewissen Zeit von selbst, wenn die betreffende Emotion nicht wieder hervorgerufen wird. Wiederholte Anregungen verlängern die Zeit des Verlöschens umso mehr, je kürzer die Abstände und/oder je häufiger die betreffende Emotion angestoßen wird. Je länger die rhythmische Dauer einer Emotion (Affekt, Empfindungen oder Gefühle), desto eher spricht man von einer Haltung, Einstellung oder Stimmung und insgesamt von einer Disposition, im Extremfall sogar von einer Grundhaltung, -einstellung oder -stimmung bzw. grundlegenden Disposition. Aufgrund wiederholter Anregungen kann eine Desensibilisierung stattfinden, sodass Dispositionen vom Erregungsniveau nicht so ausgeprägt sind wie Emotionen. Insgesamt kann man eine Disposition daher als eine chronifizierte Emotion bezeichnen.

Haltung bezieht sich zuerst einmal auf das Körperliche, die Körperhaltung, welche unsere Wahrnehmung und damit unsere Affekte beeinflusst, denn, wenn ich z.B. eine nach unten geneigte Kopfhaltung einnehme, kann ich ab einer bestimmten Höhe nichts mehr sehen. Verallgemeinernd kann man nun sagen, dass eine Haltung eine andauernde spezifische Aktivität ist, die einmal gewählt und für eine bestimmte Dauer aufrechterhalten wird, und durch die bestimmte Wahrnehmungen und Affekte, also bestimmte Wirkungen auf mich, durch entsprechende Aufmerksamkeit bevorzugt und andere vernachlässigt bzw. ausgeblendet werden. Haltung ist daher ein genereller, materieller und auf Wirkungen bzw. wirklichkeitsbezogener Begriff.

Einstellung bezieht sich auf das Psychisch-Motivationale und ist eine dauerhafte Ergriffenheit von etwas, was entweder erreicht oder vermieden werden soll und wodurch bestimmte Arten des Begreifens und der damit verbundenen Empfindungen bevorzugt und andere vernachlässigt werden. Ich bin aufgrund vergangener Erfahrungen oder von Zukunftsvorstellungen entsprechend ergriffen und darauf eingestellt, bestimmte Geschehnisse auf eine bestimmte Art zu begreifen.

Einstellung ist daher ein individueller, psychischer und räumlich bezogener Begriff, wobei das Räumliche sich darauf bezieht, dass man die frühere Erfahrung oder die zukünftige Situation vermeiden oder in die Gegenwart holen möchte, man will sich auf das Positive oder Negative einlassen oder nicht, ihm Raum geben oder nicht.

Stimmung bezieht sich auf das Geistig-Ideale und ist eine auf ein oder mehrere Ziele ausgerichtete Vorstellung und Erwartung (z.B. „ich schaffe es nicht" oder „mir gelingt alles"), die bestimmte Arten des Verstehens bzw. bestimmte Möglichkeiten des Seinkönnens und der damit verbundenen Gefühle bevorzugt und andere vernachlässigt, ich bin auf eine bestimmte Art gestimmt, spezifische Aktivitäten zeitlich so zu planen, dass ich bestimmte Ereignisse entsprechend in der Zukunft erwarten kann. Stimmung ist also ein spezifischer, geistiger und zeitlich bezogener Begriff.

Man kann dies insgesamt mit einem Musiker vergleichen, der mit seinem Instrument eine Einheit bildet: Zuerst nimmt er eine bestimmte Haltung ein, sodass sein Instrument eine bestimmte Wirkung auf ihn bekommt und er den Klang und die Töne möglichst gut hören kann. Dann nimmt er bestimmte Einstellungen an seinem Instrument vor, bis er mit dessen Klang im Raum zufrieden ist. Nun besitzt sein Instrument die entsprechende Stimmung, sodass der Musiker entsprechend gestimmt darauf spielen kann und will, weil er ein gutes Klangspiel seines Instruments erwartet.

Haltung, Einstellung und Stimmung vermitteln sich in einer absoluten Dialektik, d.h. zwei der drei werden gegenseitig durch das dritte vermittelt und vermitteln beide zusammen dieses dritte, man kann sie also zusammenfassen unter dem Begriff der Disposition, bei der bestimmte Arten der Rezeption, der Emotionen und dadurch spezifische Aktivitäten bevorzugt und andere vernachlässigt werden. Die jeweilige Disposition legt einen Rahmen fest, innerhalb dessen ich wahrnehme, begreife und Handlungen entwerfe und durchführe. Innerhalb dieses Rahmens sind Wahrnehmen und Begreifen eingeschränkt und die Möglichkeiten meines Entwerfens und Umsetzens nur begrenzt wählbar. Dadurch aber, dass ich meine Disposition wählen kann, ist auch mein Wahrnehmen, Begreifen und Entwerfen deutlich freier wählbar. Sinn und Zweck einer Disposition und letztlich der Grund, warum wir eine bestimmte Haltung einnehmen, uns auf etwas Bestimmtes einstellen und uns in einer bestimmten Erwartung und Stimmung befinden, ist es, dass und weil wir uns auf eine bestimmte Weise und in einer bestimmten Hinsicht nicht mehr täuschen oder täuschen lassen wollen. Dazu probieren wir aus, weil bzw. wenn wir nicht wissen.

Dispositionen oder Emotionen beeinflussen Resonanz: Sie dämpfen sie, wenn wir uns oder unser Gegenüber dadurch verschließen, wenn wir sie dagegen mit anderen und in gewissem Sinne auch mit uns selbst teilen können, fördern sie Resonanz. Wenn ich mich selbst aufgrund meiner Dispositionen oder Emotionen verurteile, klein mache oder anderweitig belaste, dämpfe ich Resonanz bei mir, wenn ich dagegen mein Gegenüber damit irgendwie belaste, z.B., dass er oder sie daran schuld ist, dämpfe ich die Resonanz dort. Im Idealfall schweben Dispositionen oder Emotionen zwischen uns (die jeweiligen Dispositionen oder Emotionen lösen beim anderen Mitgefühl aus), ohne jemanden zu belasten, und können dadurch eine Art Resonanzbrücke zwischen uns bilden. Bei Wut oder Angst ist die Gefahr am größten, jemandem die Verantwortung dafür zu geben und so Resonanz zu behindern, bei Schmerz ist diese Gefahr geringer, sodass Leid oft als Leim zwischen Menschen empfunden wird. Resonanz bedeutet immer Kontakt (gemeinsamer Takt bzw. Rhythmus, von contangere, sich berühren) und Auseinandersetzung, im Modus des Genus mit anderen Menschen und der Welt, im Modus des Individuums mit uns selbst und im Modus der Spezies mit den Gegensätzlichkeiten der Materie.

Neben allgemeinen und individuellen Bedingungen für Resonanz gibt es noch spezifische, die mit bestimmten Handlungen zu tun haben, wodurch ich andere oder mich in eine bestimmte Disposition bringe, indem ich z.B. eine bestimmte Atmosphäre schaffe oder entsprechende Orte aufsuche. Auch Rauschmittel einzunehmen, fördert Resonanz, am extremsten wahrscheinlich die Einnahme von LSD, weil es uns hindert, Resonanz abzudämpfen. Wenn dies ein nüchterner Begleiter übernimmt, kann LSD sogar psychotherapeutisch eingesetzt werden. Alkoholkonsum kann Resonanz fördern, weil Alkohol Ängste blockiert, welche wiederum Resonanz verhindern können. Im Übermaß dämpfen oder verhindern solche Mittel Resonanz, weil sie dann für Resonanz wichtige Fähigkeiten wie z.B. Empathie sehr stark einschränken.

Um in einer sozialwissenschaftlichen Untersuchung die soziale Resonanz bezüglich eines bestimmten sozialen Themas zu bestimmen, müssen die diesbezüglichen Interessen und Absichten, von denen jemand ergriffen ist, innerhalb einer Bevölkerungsgruppe erhoben werden, sowie die Häufigkeit und Art und Weise, ob und wie darüber kommuniziert wird. Dabei sollten alle Fragestellungen zum jeweiligen Thema zugelassen werden (Universalitätsprinzip), ein entsprechendes Meinungsbild erstellt werden (Mehrheitsprinzip) und dieses Meinungsbild auf Rationalität geprüft werden, denn daraus ergibt sich, ob eine ausreichende Kommunikation stattgefunden hat. Falls nämlich nicht, so liegt ein sogenanntes demokratisches Trilemma vor (Universalitätsprinzip, Mehrheitsprinzip und Rationalitätsprinzip sind nicht in Übereinklang zu bringen, sodass Dissonanz besteht, was auf Dauer Resonanz behindert), und das kann nur bedeuten, dass die Kommunikationsdichte zu gering war. Dies stellt zumindest eine indirekte Messung der Kommunikationshäufigkeit und -qualität dar, gegen welche direkte Messungen validiert werden können.

Dasselbe Untersuchungsschema lässt sich auch beim Einzelnen anwenden, um den Einklang bzw. die Resonanz mit sich selbst zu erforschen. Im psychotherapeutischen Gespräch lässt man alle möglichen Themenbereiche zu, die mit der betreffenden Person zu tun haben (Universalitätsprinzip), und erhebt Meinungsbilder, wozu sie gerade hintendiert (Mehrheitsprinzip), und prüft diese auf Rationalität. Dadurch erkennt diese Person, über welche Themen sie noch nachdenken sollte, um eigene Konflikte bei sich zu bearbeiten, sodass sie besser damit leben kann. Konflikte müssen nicht unbedingt gelöst werden, sonst sind wir u.U. nicht mehr so flexibel, aber belastende Spannungen sollten beseitigt werden.

Ein weiteres Thema ist, durch welche Lebensformen, ob von Gemeinschaften oder individuell, Resonanz in welchen Bereichen gefördert und in welchen sie gedämpft oder sogar blockiert wird, und welche Förderung oder Dämpfung unter welchen Umständen objektiv gut oder schlecht ist, objektiv in dem Sinne, ob dies die Liebesfähigkeit fördert oder nicht. Im fünften Kapitel werde ich drei typische Lebensformen unserer Kultur bzw. Leistungsgesellschaft skizzenhaft darstellen und diskutieren.

# 3. Die Entwicklung der Resonanzfähigkeit

Um den Begriff der sozialen Resonanz noch deutlicher zu fassen und besser begreifen zu können, möchte ich verschiedene Aspekte von Resonanz ergründen, und zwar den aktiven und den passiven, und nach einem Aspekt suchen, der zwischen beiden vermittelt und den die beiden vermitteln, d.h. ich suche den dritten Aspekt, mit dem die beiden anderen in einem absolut dialektischen Verhältnis stehen[5]. Dabei meine ich mit dem passiven Aspekt der Resonanz, dass ich von etwas ergriffen bin und empfinde, dass mich also etwas bewegt und berührt, sodass ich eventuell antworten bzw. reagieren will, wohingegen ich unter dem aktiven Aspekt verstehe, dass ich handle bzw. reagiere und vorfühlend bzw. gefühlsmäßig erwarte, mit dieser Handlung und/oder Handlungsweise jemand anderen oder etwas von mir Verschiedenes zu ergreifen, zu bewegen oder zu berühren, sodass sie, er oder es mir antwortet bzw. reagiert. Aktivität und Passivität bedingen sich wechselseitig wie in einem Frage-und-Antwort-Spiel, wobei jede Antwort als Frage und jede Frage auch als Antwort gedeutet werden kann. Ein solches kontinuierliches Wechselspiel kann aber auch jäh unterbrochen oder gar abgebrochen werden, und diesen Resonanzaspekt werde ich im nächsten Abschnitt betrachten.

Wenn ich von etwas ergriffen bin, und wenn dadurch der passive Aspekt der Resonanz im Vordergrund steht, dann bin ich davon positiv oder negativ betroffen und es drängt mich zu antworten, weil ich mir etwas Anderes wünsche oder

---

[5] Mithilfe absoluter Dialektik wird ein Werden erfasst (das gilt für Dialektik allgemein), welches sich als Kreisprozess beschreiben lässt, den wir Menschen reflektiert betrachten können. Als Beispiel mögen die beiden Abbildungen im Anhang dienen, welche die Entwicklung menschlichen Handelns beschreiben, der Kreis des klugen Handelns (Abb. 1) und der des reflektiert-menschlichen Handelns (Abb. 3).

vom positiv Empfundenen mehr will, wobei mir das, was mich betroffen gemacht hat, als mir nicht zugehörig und in diesem Sinne fremd erscheint, wenn ich also mit etwas Fremdem konfrontiert bin, dann drängt es mich zu handeln, und der aktive Aspekt der Resonanz tritt hervor, es sei denn ich ziehe mich zurück, weil ich nicht antworten will, und bin nicht mehr in Resonanz. Andererseits, wenn ich gehandelt habe, um in Resonanz zu kommen oder sie aufrechtzuerhalten, womit der aktive Aspekt der Resonanz vordergründig ist, und mit dem Ergebnis bzw. den Konsequenzen konfrontiert bin, ergreift mich dieses im obigen Sinne Fremde, und der passive Aspekt der Resonanz steht im Brennpunkt der Aufmerksamkeit. So vermittelt der Aspekt des mir Fremden zwischen dem aktiven und dem passiven Aspekt der Resonanz. Wenn man davon ausgeht, dass ich zuerst nicht betroffen bzw. mit dem Ergebnis meines Handelns konfrontiert gewesen bin und mir dann etwas in der Situation fremd wurde, dann ist es der Aspekt der Entfremdung, der zwischen den beiden bisher betrachteten Aspekten der Resonanz vermittelt. Wenn ein derartiger Zustand zu lange anhält, resigniere ich, bin weder berührt noch erwarte ich, berühren zu können, und bin nicht mehr in Resonanz, bin also der Resonanz entfremdet, und das gehört ebenso zum Aspekt der Entfremdung von Resonanz. Er lenkt und steuert Resonanzprozesse bis dahin, dass er zur Beendigung von Resonanz führen und damit das Wechselspiel des Kontakts diskontinuierlich unter- oder abbrechen kann.

Insgesamt vermittelt dieser Aspekt so zwischen dem aktiven und dem passiven Resonanzaspekt. Wenn die Spannung zwischen passiver und aktiver Resonanz anhält, weil ich mit meiner Situation nicht einverstanden bzw. nicht im Einklang bin und entweder mehr vom Positiven oder etwas anderes möchte, wird mir dies durch den Aspekt der Entfremdung angezeigt, denn ich bin der Situation entfremdet, sie erscheint mir befremdlich, und wenn diese Spannung zu lange bestehen bleibt, dann verschließe ich mich, weil es mir zu fremd vorkommt, und bin nicht mehr in Resonanz bzw. der Resonanz ganz entfremdet. Insofern vermitteln die beiden Resonanzaspekte der Aktivität und der Passivität den Aspekt der Entfremdung von Resonanz. Wie man leicht sehen kann, vermittelt der Aspekt der Aktivität zwischen den Aspekten der Passivität und der Entfremdung, und die beiden vermitteln die Aktivität, und Passivität vermittelt zwischen Aktivität und Entfremdung und beides vermittelt die Passivität. Damit ist aufgezeigt, dass diese drei Aspekte der Resonanz sich in einem absolut dialektischen Verhältnis befinden und damit keiner der dreien einen Vorrang vor den anderen hat.

Insbesondere der Aspekt der Entfremdung ist genauso wichtig für das Verständnis von Resonanz wie die beiden anderen. Resonanz ist nicht gleichbedeutend mit Konsonanz, und nach anfänglicher Entfremdung, kann Dissonanz in Resonanz überführt werden. Dadurch unterscheidet der Aspekt der Entfremdung die physikalische von der sozialen Resonanz, denn nur einem Lebewesen kann Vertrautes fremd und Fremdes vertraut werden, und darin zeigt sich seine Unverfügbarkeit und die der Resonanz. Je größer die Diskrepanz zwischen dem aktiven und dem passiven Aspekt der Resonanz ist, also zwischen dem passiven Ergriffen- und Berührt-Werden und dem aktiven erwartungsvollen Handeln, um zu ergreifen und zu berühren, desto größer ist die Entfremdung, und in ihr zeigt sich die Diskrepanz. Dass unsere heutige Weltbeziehung der Moderne eine so große Entfremdung aufweist, zeigt sich z.B. darin, dass diese Beziehung „zwischen einem handlungspraktisch und institutionell dominanten Naturverhältnis, dem Natur als Ressource dient, die es intellektuell zu beherrschen, technisch zu bearbeiten und ökonomisch zu nutzen gilt, und einem psychoemotionalen Naturverhältnis, in dem Natur als primordiale Resonanzsphäre fungiert, gleichsam vermittlungslos hin- und herpendelt" (Rosa, 2016, S. 467). Dies spiegelt auch die

Entfremdung uns selbst gegenüber wieder, denn einerseits verlangen wir von uns selbst teilweise Höchstleistungen und beuten uns auf diese Weise selbst aus, während wir andererseits auf ein teilweise narzisstisch überhöhtes Recht auf Anerkennung und Fürsorge pochen, d.h. wir sind einerseits von unserer Einzigartigkeit derart ergriffen, dass wir uns pointiert ausgedrückt zu Göttern erhöhen, andererseits erniedrigen wir uns zu Sklaven eines menschenunwürdigen Fortschrittsglaubens.

Prinzipiell ist jede Art von <u>Resonanz</u> schon für einen Säugling attraktiv, es gibt dabei aber eine bemerkenswerte Besonderheit, „dass bei einem normalen menschlichen Säugling nach etwa drei Lebensmonaten der Kontingenzentdeckungsmechanismus auf ein anderes Zielsetting »umgeschaltet« wird, so dass er fortan nach hohen, aber unvollkommenen [statt perfekten] Kontingenzgraden sucht" (Fonagy, Gergely, Jurist, & Target, 2008, S. 195), d.h. zuerst interessiert ihn nur die physikalische Resonanz, ab drei Monaten jedoch die soziale. Er ist damit an Resonanz, an Antwort interessiert, die von Lebendigem kommt.

Die Entwicklung der Resonanzfähigkeit vollzieht sich nun derart, dass wir z.B. von etwas ergriffen sind (passiver Aspekt der Resonanz), daraufhin uns Möglichkeiten überlegen und erwartungsvoll entscheiden, was wir tun wollen (aktiver Aspekt der Resonanz), und schließlich mit den Konsequenzen unseres Handelns konfrontiert sind (Aspekt der Entfremdung von Resonanz), die uns erneut und meist etwas anders ergreifen (passiver Aspekt der Resonanz) usw. Als verantwortungsvolle Menschen können wir diesen kreisförmigen Prozess reflektieren und uns fragen, wenn wir von etwas ergriffen sind (passiver Resonanzaspekt), woher das kommt, was uns da ergriffen hat, und ob wir dieses prinzipiell Fremde uns vertraut machen können oder wollen (Entfremdungsaspekt der Resonanz), und wir interessieren uns dann dafür, was wir vorher getan haben und von welchen Erwartungen die entsprechende Entscheidung getragen war (aktiver Resonanzaspekt), welche

Ergriffenheit uns zu einer solchen Entscheidung gedrängt hat (passiver Resonanzaspekt) und woher diese Ergriffenheit kommt usw. Speziell bei der Frage, wie und woher es kommt, dass uns etwas ergreift bzw. wir uns ergreifen lassen, ist der Austausch und die Auseinandersetzung mit anderen wichtig. Auf diese Weise können wir lernen, die Entwicklung unserer Resonanzfähigkeit in einem gewissen Rahmen zu lenken.

Die Bedeutung des Aspekts der Entfremdung liegt bezüglich des Subjekts vor allem darin, dass er das Verhältnis von Aktivität und Passivität regelt und so z.B. Resonanzkatastrophen und Überforderung verhindern kann. Der Aspekt der Entfremdung kann mich dazu bringen, dass ich entweder meine Aktivitäten oder deren Art und Weise hinterfrage oder mich kritisch mit dem auseinandersetze, was mich wie ergreift. Wenn ich Resonanz nicht mehr regeln kann, bin ich zu offen und Panikattacken ausgesetzt, empfinde Leid oder werde von Aggressionen überschwemmt, bekomme insgesamt meine Emotionen nicht mehr in den Griff und bin ihnen hilflos ausgesetzt (Resonanzkatastrophe und Überforderung), oder aber ich schütze mich und bin derart verschlossen, dass keine oder fast keine Resonanz mehr möglich ist. Wenn ich zu lange offen war, dann bin ich am Ende depressiv, erschöpft und ausgebrannt, weil mich die Resonanz überfordert hat. Da Entfremdung immer mit etwas Negativem oder mit etwas zu tun hat, was ich so nicht erwartet habe, also mit Täuschung und ich enttäuscht bin, dass etwas so ist, wie es ist, wäre ein Zustand, in dem es keine Entfremdung für mich gäbe, entweder eine Katastrophe, da ich ganz naiv alles für positiv oder normal im Sinne von erwartet halte und daher von allem überwältigt werden kann, weil ich Resonanz in meiner Naivität nicht steuern kann, oder es wäre der Idealzustand der vollkommenen Liebe, wenn ich Resonanz zwar steuern könnte, dies aber nicht zu tun bräuchte. Ich denke, so ist das chinesische Wu-Wei zu verstehen, ein Tun, ohne die Resonanz regeln zu müssen, und in diesem Sinn ein Tun im Nichtstun oder ein Tun in absoluter Ruhe.

Dann bin ich im Fluss oder im Flow, wie es auf Neudeutsch heißt.

Die Entwicklung in Richtung dieses Idealzieles wird immer ein Leben lang anhalten, aber wie sieht die Entwicklung unserer Resonanzfähigkeit zu Anfang unseres Lebens aus? Dies möchte ich anhand der fünf Entwicklungsebenen des physischen, des sozialen, des teleologischen, des intentionalen und des repräsentationalen Selbstbewusstseins (Fonagy, Gergely, Jurist, & Target, 2008) analysieren. Vorwegschicken möchte ich, dass wir schon mit einer rudimentären Resonanzfähigkeit geboren werden, die sich z.B. in der Fähigkeit zeigt, dass wir Kontingenzen entdecken können.

Wenn die Mutter auf die reflexartigen Äußerungen ihres Kindes kontingent reagiert, dann kann der Säugling damit deswegen etwas anfangen, weil er dabei den Zusammenhang und damit Resonanz entdecken kann (<u>Kontingenzentdeckung</u>) zwischen seinen Äußerungen, sowie dem, wie seine Mutter sich verhält, und den Wirkungen, die er selbst anfänglich als Erweiterung seiner Mutter wahrnimmt. Er kann sie erst langsam als eigene Wahrnehmungen betrachten, wenn er sich allmählich immer weniger als Erweiterung seiner Mutter, sondern immer mehr als eigenständig empfindet, insbesondere, wenn er bemerkt, dass seine Mutter ihn nachahmt bzw. spiegelt. Auf diese Weise bildet sich immer mehr eine resonante Beziehung zwischen Mutter und Kind aus, und das Kind entdeckt in dieser Beziehung immer mehr seine Selbstwirksamkeit und entwickelt so sein Selbstbewusstsein anhand des Vergleiches zwischen seiner Mutter und ihm selbst und damit auch sein Selbstverständnis bzw. seine Selbstliebe und das Verständnis seiner Mutter bzw. seine Liebe gegenüber anderen (Fremd-Liebe). Entsprechend der Entwicklung seines Selbstbewusstseins will ich nachfolgend die seiner Selbstwirksamkeit beleuchten. Durch die Initiativen der Mutter (der aktive Resonanzaspekt bei ihr), wenn sie ihr Kind begeistern und damit sein Interesse wecken kann, bildet sich Resonanz unter deren passivem Aspekt bei ihm aus, und die Selbstwirksamkeit, wenn das Kind entsprechend seiner Entwicklung seines Selbstbewusstseins seiner Mutter immer engagierter antwortet und so die Kommunikation bzw. den passiven Resonanzaspekt bei seiner Mutter weitertreibt, zeigt den aktiven Aspekt beim Kind auf.

Es gibt aber noch ein Drittes, was dem Kind zunächst fremd ist, und das sind die generellen Werte der Mutter, die ihr Verhalten steuern, und hierin zeigt sich der Resonanzaspekt der Entfremdung, von dem das Kind berührt wird. Dies geschieht z.B., wenn die Mutter dem Kind schon in der Wohnung, bevor sie mit ihm nach draußen in die Kälte geht, eine warme Mütze aufsetzt, weil sie nicht möchte, dass ihr Kind sich erkältet und so Schaden nimmt bzw. unter einer Krankheit leiden muss. Der generelle Wert der Leidminderung spielt hier bei der Mutter die Rolle der Verhaltenssteuerung. Rosa bezeichnet solche Werte als „starke Werte" (Rosa, 2016, S. 226). Sie regeln die Beziehungen der Menschen untereinander und stehen teilweise im Gegensatz zu den von Rosa sogenannten „schwachen Werten" (ebenda), womit die aktuellen Wünsche und Bedürfnisse des Einzelnen gemeint sind.

Damit Resonanz möglich ist, kommen wir nicht umhin, behaupte ich, die starken Werte zu beachten. Ich behaupte weiterhin und werde versuchen, beide Behauptungen anhand der frühkindlichen Entwicklung zu untermauern, dass es sieben allgemein gültige, allgegenwärtige starke Werte gibt, deren Nichtbeachtung früher oder später zu Resonanzabbrüchen bzw. zu „stummen" Weltbeziehungen führen. Hier zeigt sich der Resonanzaspekt der Entfremdung. Wie man leicht sehen kann, befinden sich die aktuellen Initiativen der Mutter, die des Kindes und die jeweilige Gewichtung der generellen starken Werte der Menschheit (deren Existenz ich noch aufzuzeigen habe) in einem absolut dialektischen Verhältnis, und etwas Analoges gilt für alle zwischenmenschlichen Beziehungen.

Kulturen unterscheiden sich zwar in ihren ethischen Vorstellungen und konkreten Urteilen, was aber nicht daran liegt, dass die generellen starken Werte bei ihnen überhaupt keine Gültigkeit besitzen, sondern daran, dass sie diese Werte in ihrem Verhältnis zueinander nur unterschiedlich gewichten und dabei teilweise auch unterschiedlich interpretieren. Je geringer gewichtet diese fünf starken Werte innerhalb einer Gemeinschaft oder Kultur sind, je weniger sie insgesamt beachtet werden, desto weniger Resonanz ist möglich.

Gegensätze sind der Motor jeder Entwicklung, entweder nimmt ein Lebewesen daran Schaden, oder es entwickelt sich. Bei der Entwicklung von Resonanz ist es der Gegensatz vertraut-fremd, der Resonanz dämpfen oder blockieren kann, oder aber der zur Entwicklung von Resonanz und von Resonanzfähigkeit beiträgt. Resonanzfähigkeit meint dabei die Fähigkeit, Resonanz möglichst so zu steuern, dass eigene Ziele und Wünsche erreicht werden, man in diesem Sinne autonom und effektiv ist (Modus der Spezies), dass aber auch dabei Einklang mit anderen, also kommunikative Solidarität (Modus des Genus), und mit sich selbst, d.h. ein ganzheitliches Selbstverständnis (Modus des Individuums), besteht bzw. bestehen bleibt. Eine derart sich entwickelnde Resonanzfähigkeit ist, wie man leicht sieht, gleichbedeutend mit Liebesfähigkeit, die sich in Richtung vollkommener Liebe entwickelt.

## 3.1. Resonanz und physische Selbstwirksamkeit

Indem eine Mutter ihrem Kind immer wieder Dinge gibt, sei es ein Schnuller o.ä., macht sie es immer mehr mit der Welt vertraut. Die Dinge sind dem Kind erst einmal fremd, aber da es seiner Mutter vertraut, es ist ja von Anfang an in Resonanz mit ihr, überträgt es dies allmählich auf die Dinge, die seine Mutter ihm gibt, es lässt sich von diesen Dingen berühren (passiver Resonanzaspekt). Je vertrauter sie ihm werden, desto eher greift es danach, berührt sie von sich aus oder benutzt sie, indem es z.B. an „seinem" Schnuller saugt, es macht sich diese Dinge zu eigen (aktiver Resonanzaspekt) und berührt damit auch seine Mutter, die sich darüber freut, dass es etwas von ihr annimmt. Es kann aber auch sein, dass es manchmal eines dieser ihm vertrauten Dinge zurückweist, etwa den Schnuller ausspuckt, als ob er ihm fremd wäre (Entfremdungsaspekt der Resonanz). Andererseits kann es sein, dass z.B. seine Mutter ihm den Schnuller auf ein irgendwie ausgedrücktes Verlangen nicht gibt, weil er gerade schmutzig geworden ist. Auch hier zeigt sich der Entfremdungsaspekt der Resonanz. Außerdem stoßen hier zwei Werte aufeinander, und zwar der schwache Wert des Kindes nach uneingeschränkter Freiheit und der starke Wert der Mutter, der das Prinzip der Leidminderung betrifft. Da Leidminderung schon am Verhalten von vielen Tieren ablesbar ist, kann man es als allgemeinen menschlichen Wert bezeichnen. Dass fortgesetztes, sich steigerndes Leid mit der Zeit jegliche Resonanz verstummen lässt, dürfte ebenfalls unbestritten sein.

Durch die resonante Beziehung mit seiner Mutter entwickelt ein Kind (resonante) Beziehungen zu den Dingen, die es von seiner Mutter bekommt. Insofern wird durch die Beziehung zur Mutter, die schon während der Schwangerschaft beginnt, der Grundstock für alle resonanten Weltbeziehungen gelegt. Indem es seine Mutter beobachtet, wie diese mit Dingen umgeht, kopiert es ihre Umgehensweise und vertieft so seine Beziehung dazu, und wenn es aufgrund seiner Resonanz bzw. seiner Kontingenzentdeckungsfähigkeit Unterschiede feststellt zwischen seiner Weise und der seiner Mutter, wird es sich seiner selbst als physischer Akteur bewusst und entdeckt seine <u>physische Selbstwirksamkeit</u>.

Auf der einen Seite vermittelt die Resonanz der Beziehung zwischen Mutter und Kind die resonanten Beziehungen zwischen Kind und bestimmten Weltdingen, andererseits können später über entsprechende Weltdinge auch resonante Beziehungen zu anderen vermittelt werden, z.B. über einen Fußball, mit dem man gemeinsam spielt. Die Emotionen eines Kindes als physischer Akteur sind Faszination als Affekt, Freude als Empfindung und Spaß als Gefühl (s. 1. Kapitel). Da bei einer Mutter mit mehreren Kindern über Beziehungen zu Weltdingen, die dieselbe Mutter ihnen vermittelt, geschwisterliche Beziehungen resonant werden können z.B. im gemeinsamen Spiel, kann man sagen, dass Menschen über derartige Verbindungen wie Brüder und Schwestern werden können. Dazu passt auch die Zeile aus Schillers Ode „An die Freude": „Alle Menschen werden Brüder, wo dein [der Freude] sanfter Flügel weilt". Das klassische Ideal einer Gesellschaft von freien Menschen, welches Schiller in seiner Ode zum Ausdruck bringt, gründet allerdings auf einer kulturellen Interpretation des starken Wertes der Leidminderung, die davon ausgeht, dass es in einer derartigen Gesellschaft statt Leid nur Freude gibt.

Im Moment aber ist die Entwicklung eines Kindes noch nicht derart weit fortgeschritten, dass man von brüderlichem Einklang reden kann, es ist erst die wichtige Grundlage geschaffen, dass in der Mutter-Kind-Dyade Resonanz durch geteilte Emotionen entstehen kann, denn in der Regel ist auch die Mutter fasziniert (Affekt) von der Entwicklung ihres Kindes, empfindet (über ihr Spiegelneuronensystem) Freude und hat ihren Spaß (Gefühl) an den sich immer weiter entwickelnden Möglichkeiten ihres Kindes, mit Dingen umzugehen. So wird die Resonanz in der Mutter-Kind-Beziehung über die Beziehung zu Dingen geformt und gestärkt. Dies gilt auch ganz allgemein, und bei jedem Austausch und jeder Kommunikation wird dies über Weltdinge vermittelt. Die Umwelt des Kindes ist jetzt vor allem eine physische Umwelt.

## 3.2.  Resonanz und soziale Selbstwirksamkeit

Der nächste Schritt, der aufgrund des Gegensatzes des schwachen Wertes des Kindes der uneingeschränkten Freiheit und des starken Wertes der Mutter der Leidminderung erfolgt, und durch den die Resonanz in der Mutter-Kind-Beziehung sich weiterentwickelt und gestaltet wird, besteht darin, dass einerseits das Kind lernt, bestimmte Bedingungen – auch hier spielt wieder das „Ding" eine entscheidende Rolle – zu <u>berücksichtigen</u>, von denen es abhängt, ob es etwas bewirken kann oder nicht. Seine subjektiven Möglichkeiten und Erfüllungen von schwachen Werten hängen von objektiven Gegebenheiten und den starken Werten ab, die ihm von seiner Mutter vermittelt werden. Die Mutter muss ebenfalls die objektiven Möglichkeiten ihres Kindes berücksichtigen, um ihre subjektiven Absichten zu erreichen, ihr Kind zu erziehen und ihm ihre starken Werte zu vermitteln. Wenn dieser Widerspruch objektiv-subjektiv zum ersten Mal in Erscheinung tritt, sei es, dass einem Kind eine Aktivität nicht möglich ist, an der es schon einmal Spaß gehabt hatte, oder dass die Mutter scheiterte, ihrem Kind etwas zu vermitteln, dann kommt es von den Emotionen her affektiv zu einem Aufbrausen, empfindungsmäßig zu Wut und gefühlsmäßig zu Zorn. In solchen Momenten steht der passive Resonanzaspekt im Vordergrund, bis beide derartige Situationen immer besser in den Griff bekommen und sich gemeinsam nach einer Einigung darüber freuen (aktiver Resonanzaspekt) oder, wenn dies misslingt, der Aspekt der Resonanzentfremdung von den Dingen und voneinander spürbar wird. Damit die Resonanz nicht „verstummt", ist es wichtig, dass derartige Emotionen verarbeitet werden, d.h. sie müssen offen artikuliert werden, und die Erregung muss unter ein bestimmtes Niveau gebracht werden (was bei entsprechendem Vertrauen immer möglich ist), sodass gegenseitiges Verständnis möglich wird und wächst. Die Neurobiologie bestätigt hier unser Alltagswissen, dass zu starke Erregung gegenseitiges

Verständnis unmöglich macht, denn, wenn die Amygdallae zu stark feuern (Erregung), blockiert der Hypocampus die Verbindung zum Cortex, in dem unsere rationalen Denkprozesse stattfinden. Um die Erregung zu senken, ist eine gewisse Distanzierung bzw. Entfremdung von der Situation und damit eine Dämpfung der Resonanz in Bezug darauf nötig. Dies bereitet einem Kind keine Probleme, wenn die Beziehung zur Mutter genug dispositionale Resonanz bereithält, wenn also genug Vertrauen vorhanden ist.

Das gegenseitige Verständnis besteht dann darin, dass die Mutter begreift und versteht, dass ihr Kind manchmal etwas Leid erfahren muss, um etwas zu begreifen und zu verstehen, und dass dies nicht ihrem Prinzip der Leidminderung widerspricht, sondern größeres Leid für ihr Kind verhindert, während ein Kind das Prinzip der Leidminderung nicht nur in Bezug auf sich selbst (das ist quasi „naturgegeben" bzw. selbstverständlich), sondern auch in Bezug auf andere begreift und versteht. Hier spielt das ethische Prinzip der Gegenseitigkeit bzw. der Fairness als starker Wert die verhaltenssteuernde Rolle bei der Mutter, mit dem sie ihr Kind konfrontieren muss, um es vor zukünftigem Leid zu bewahren. Dass Gegenseitigkeit bzw. Fairness einen allgemeinen menschlichen Wert darstellt, lässt sich damit begründen, dass Lebewesen nicht überleben können, wenn sie bestimmte Gegebenheiten nicht berücksichtigen, und in Bezug auf Fairness ist zu berücksichtigen, dass der andere mir gleich geartet ist und mir prinzipiell dasselbe antun kann wie ich ihm. Daher ist bei dauerhaftem Fehlen von Gegenseitigkeit und Fairness früher oder später keine Resonanz mehr möglich.

Durch die Beziehung zur Mutter, die durch derartige Prozesse an Resonanzmöglichkeiten gewinnt, vertieft das Kind seine Beziehung auch zu den Dingen, lernt immer mehr, bestimmte Bedingungen sowohl an äußeren Umständen als auch bei sich und seiner Mutter zu berücksichtigen, und entdeckt so in einer durch Resonanz geprägten Beziehung zu seiner Mutter immer mehr seine <u>soziale Selbstwirksamkeit</u>, dass es auf Bedingungen auch bei seiner Mutter, in was für einem Zustand sie sich gerade befindet, immer besser eingehen kann. Seine Umwelt wird immer mehr zu einer sozialen Umwelt.

## 3.3.   Resonanz und teleologische Selbstwirksamkeit

Bei der weiteren Entwicklung kann ein Kind immer mehr Aktivitäten aneinanderreihen, bei denen das Ergebnis der einen die Bedingung und Voraussetzung für die nächste Tätigkeit ist. Manchmal laufen solche Aneinanderreihungen kontinuierlich ab, manchmal aber werden sie auch aufgrund unvorhergesehener Umstände diskontinuierlich unterbrochen. Letzteres kann emotional einen affektiven Schock, eine empfindungsmäßige Angst oder eine gefühlsmäßige Furcht auslösen, und zwar sowohl beim Kind als auch bei der das Kind beobachtenden Mutter (wenn das Kind z.B. fällt oder sich sonst irgendwie verletzt). In solchen Momenten steht wieder der passive Resonanzaspekt im Vordergrund, bis beide derartige Situationen immer besser bewältigen und entsprechende Vorkehrungen gegen Gefahren treffen und sich gemeinsam darüber freuen (aktiver Resonanzaspekt) oder, wenn dies nicht gelingt, der Aspekt der Resonanzentfremdung von den Dingen, Aktivitäten und voneinander spürbar wird. Damit die Resonanz erhalten bleibt oder wiederhergestellt werden kann, ist es wie oben wichtig, dass derartige Emotionen verarbeitet werden, d.h. sie müssen offen artikuliert werden, und die Erregung muss unter ein bestimmtes Niveau gebracht werden (was bei entsprechendem Vertrauen immer möglich ist), sodass gegenseitiges Verständnis möglich wird und wächst. Auch hier kann man die Bedeutung des Aspekts der Entfremdung von Resonanz erkennen.

Was die Mutter dabei begreifen und verstehen muss, ist, dass sie nicht alleine den Gefahren für ihr Kind begegnen kann, sondern darauf angewiesen ist, dass ihr Kind ihr gehorcht und sie als Autorität anerkennt, und indem sie dies von ihrem Kind beansprucht, handelt sie nach dem starken Wert, dass vernünftige Rangordnungen einzuhalten sind. Ihr Kind dagegen muss begreifen und verstehen, dass es nicht immer fair und gerecht in der Welt zugeht, sodass man sich entsprechend vorsehen und Schutz bei anderen suchen muss. Indem das Kind ebenfalls begreift und versteht, dass es deswegen das Prinzip der Fairness und Gegenseitigkeit nicht aufgibt, wird es der schützenden Mutter als Gegenleistung auch den nötigen Respekt und Gehorsam entgegenbringen, d.h. es akzeptiert den starken Wert der angemessenen Rangordnung ebenfalls und richtet sein Verhalten danach aus. Da Rangordnungen auch in Tiergemeinschaften eingehalten werden, sehe ich es als begründet an, dass dieser Wert bzw. dieses ethische Prinzip allgemein menschlich ist. Ohne Rangordnung bzw. bei Anarchie bricht jede Gemeinschaft irgendwann auseinander, und damit verstummt auch die Resonanz.

Mit derartigem gegenseitigen Verständnis gewinnt die Beziehung zwischen Mutter und Kind und die zwischen dem Kind und seiner Umwelt weiter an Resonanzmöglichkeiten, es lernt immer mehr zukünftige Abläufe und Konsequenzen abzuschätzen und entdeckt so in einer durch Resonanz geprägten Beziehung zu seiner Mutter seine auf die Zukunft bezogene, also <u>teleologische Selbstwirksamkeit</u>. Seine Umwelt konzeptualisiert es so immer mehr als eine auf die Zukunft bezogene und damit teleologische Umwelt. Während bei seiner sozialen Selbstwirksamkeit die Rücksicht im Vordergrund stand, ist es jetzt bei der teleologischen die <u>Vorsicht</u>, und entsprechend nehmen Mutter und Kind nicht nur Rücksicht aufeinander, sondern sind auch vorsichtig: die Mutter schützt ihr Kind, und das Kind sucht Schutz bei ihr.

## 3.4.  Resonanz und intentionale Selbstwirksamkeit

Nachdem ein Kind immer geschickter und vorsichtiger derartige Verhaltensketten bilden und ausführen kann, eröffnen sich ihm immer mehr <u>Aussichten</u>, bestimmte Absichten immer erfolgreicher zu verfolgen. Dabei entsteht eine Spannung (lat. intentio), ob die Absicht erfüllt wird, und manchmal erreicht das Kind geradlinig sein Ziel und manchmal muss es immer wieder von vorne beginnen (das ist der Gegensatz linear-zirkulär). Letzteres weckt Emotionen wie affektiven Schmerz, empfindungsmäßiges Leid oder gefühlsmäßige Trauer. Mutter und Kind können hier ähnliche Emotionen entwickeln und eine weitere Art Resonanz spüren (passiver Resonanzaspekt), bis beide derartige Situationen immer besser bewältigen und entsprechende Bündnisse miteinander eingehen, Abmachungen treffen und sich gemeinsam über Erfolge freuen (aktiver Resonanzaspekt) oder, wenn dies nicht gelingt, der Aspekt der Resonanzentfremdung von den Dingen, von Aktivitäten und voneinander spürbar wird. Damit die Resonanz erhalten bleibt oder wiederhergestellt werden kann, ist es wie oben wichtig, dass derartige Emotionen verarbeitet werden, d.h. sie müssen offen artikuliert werden, und die Erregung muss unter ein bestimmtes Niveau gebracht werden (was bei entsprechendem Vertrauen immer möglich ist), sodass gegenseitiges Verständnis möglich wird und wächst. Auch hier kann man die Bedeutung des Aspekts der Entfremdung von Resonanz erkennen.

Die Mutter sollte dabei begreifen und verstehen, dass ihr Kind möglichst selbständig und allein alles erreichen will, während es für ihr Kind wichtig ist, zu begreifen und zu verstehen, dass es auch Bündnisse eingehen kann, und dass dies manchmal auch notwendig ist. Dabei geht man gewisse Verbindlichkeiten ein, so, wie auch die Mutter ihrem Kind gegenüber die Verbindlichkeit eingegangen ist, es zu versorgen, großzuziehen und ihm einen möglichst guten Start ins Leben zu geben. Dabei handelt sie nach dem starken Wert der Loyalität bzw., dass man Versprechen einhalten soll („Pacta sunt servanda", wie der antike römische Rechtsgrundsatz lautet). Letztlich gebietet dies auch das Prinzip der Fairness, welches das Kind schon als sozialer Akteur begriffen und verstanden hat. Da es auch in Tiergemeinschaften insbesondere bei Raubtieren derartige Bündnisse gibt, wird mir wohl niemand widersprechen, wenn ich behaupte, dass Loyalität oder Bündnistreue ein allgemein anerkannter menschlicher Wert ist. Ohne Bündnistreue entstehen bald keine Bündnisse mehr, man schützt sich nicht mehr richtig gegenseitig und achtet auch sonst immer weniger aufeinander, d.h. die Resonanz verstummt immer mehr, und wenn ein Einzelner nicht mehr loyal ist, wird er aus seiner Gemeinschaft ausgeschlossen, d.h. niemand tritt mehr in Resonanz mit ihm.

Mit derartigem gegenseitigen Verständnis gewinnt die Beziehung zwischen Mutter und Kind und die zwischen dem Kind und seiner Umwelt weiter an Resonanzmöglichkeiten, es lernt immer mehr Aussichten auf Erfüllung seiner Absichten abzuschätzen sowie, ob es allein oder besser mit anderen verbündet erfolgreich sein kann, und entdeckt so in einer durch Resonanz geprägten Beziehung zu seiner Mutter seine auf Absichten bezogene, also <u>intentionale Selbstwirksamkeit</u>. Seine Umwelt konzeptualisiert es so immer mehr als eine auf Absichten bezogene und damit intentionale Umwelt (andere verfolgen ebenfalls ihre Absichten).

## 3.5.  Resonanz und repräsentationale Selbstwirksamkeit

Die letzte Stufe der kindlichen Selbstentwicklung, die Ebene des repräsentationalen Selbst, gibt es nur bei uns Menschen und zeichnet uns als solche aus (Kolb, 2017e). Ein Kind entdeckt hier zuerst die Unzulänglichkeiten seiner Mutter und allgemein der Welt und schließlich die eigenen, nämlich als die Möglichkeit, an etwas schuldig zu sein, sein Schuldig-Sein-Können, wie Heidegger es ausdrückt (Heidegger, 2006). Diese Entdeckung dämpft begreiflicherweise erheblich die Resonanz in all seinen Beziehungen und löst so eine entsprechende Krise aus. Um die Regeln des Zusammenlebens nicht zu verletzen und sich dadurch schuldig zu machen, muss es darauf achten, wann es wo sich wie verhalten soll, und ist damit mit dem Gegensatz räumlich-zeitlich konfrontiert: Es gibt zeitliche Regeln, wann man etwas tun oder lassen soll (z.B. nachts ruhig sein, morgens aufstehen und sich anziehen), und es gibt verschiedene Orte mit unterschiedlichen Regeln (z.B. zu Hause oder im Kindergarten bzw. in der Schule). Konzentriert es sich zu sehr auf die Zeit, kann es sein, dass es die momentane Örtlichkeit vergisst, und wenn es sich zu sehr mit der momentanen Örtlichkeit befasst, kann ihm die Zeit entgehen.

Wenn ein Kind dann feststellt, dass es selbst einem anderen gegenüber oder ein anderer ihm selbst gegenüber eine Regel des Zusammenlebens verletzt hat, ist es affektiv entsetzt, wie ich die jeweilige Mischung des Aufbrausens, des Schocks und des Schmerzes nennen will, es empfindet Scham gegenüber dem anderen bzw. ist enttäuscht von ihm als Form des Fremd-Schämens, und es fühlt sich schuldig bzw. ist entrüstet (legt die Rüstung ab, mit der es für ihn kämpfen wollte, d.h. es will nichts mehr für ihn tun bzw. nichts mehr mit ihm zu tun haben). Wenn sich dies zwischen Mutter und Kind abspielt, und beide jeweils ähnliche Emotionen entwickeln, kommt es zu einer entsprechenden Resonanz (passiver Aspekt der Resonanz), und beide werden im Idealfall die Situation lösen und ihre Beziehung wieder bereinigen (aktiver Resonanzaspekt) oder, wenn dies nicht gelingt, sich voneinander, von sich selbst und von der Welt immer mehr entfremden. Damit die Resonanz erhalten bleibt oder wiederhergestellt werden kann, ist es wie oben wichtig, dass derartige Emotionen verarbeitet werden, d.h. sie müssen offen artikuliert werden, und die

Erregung muss unter ein bestimmtes Niveau gebracht werden (was bei entsprechendem Vertrauen immer möglich ist), sodass gegenseitiges Verständnis möglich wird und wächst. Auch hier kann man die Bedeutung des Aspekts der Entfremdung von Resonanz erkennen.

Dabei bringt die Mutter im günstigen Fall den starken Wert der Reinhaltung von Beziehungen ein und versucht ihrem Kind begreiflich und verständlich zu machen, wie wichtig es ist, weder anderen noch sich selbst etwas persönlich übel zu nehmen, weil niemand wissen kann, was alles mit einer bestimmten Handlung ausgelöst werden kann. Andererseits ist es auf Dauer unerträglich, wenn jemand Fehler nicht zugibt, bereut, nach Möglichkeit wiedergutmacht und verspricht, sich zu bemühen, so etwas nicht wieder zu tun. Diese Praktiken zur Reinhaltung von Beziehungen entsprechen auch dem, was Hannah Arendt als Lösung der beiden Probleme des zwischenmenschlichen Handelns, der Unwägbarkeit und der Unwiderruflichkeit, anführt, nämlich das Verzeihen, was ich als Nicht-persönlich-übel-Nehmen verstehe, und das Versprechen-Geben-und-Halten (Arendt, 1967). Indem seine Mutter ein gutes Beispiel gibt und ihr Kind sie als Vorbild nimmt, kann sich zwischen beiden eine tiefe Freundschaft entwickeln, ein Muster für weitere Freundschaften mit anderen Menschen. Beide helfen sich so gegenseitig, ihre Resonanzfähigkeit und damit auch ihre Liebesfähigkeit immer weiterzuentwickeln, und das entspricht dem Freundschaftsideal von Aristoteles, dass gute Freunde sich dabei unterstützen, immer tugendhafter zu werden und so insgesamt ein glückliches (besser: geglücktes) Leben zu führen (Aristoteles, 1985).

Dass es sich bei dem starken Wert der Reinhaltung von Beziehungen um einen allgemeinen gültigen menschlichen Wert handelt, ergibt sich daraus, dass wir Menschen in Gemeinschaften leben, und dass Gemeinschaften auseinanderbrechen, wenn zwischenmenschliche Probleme nicht angemessen gelöst werden. Ferner dürfte auch einleuchtend sein, dass die

Resonanz in jeder zwischenmenschlichen Beziehung verstummt, wenn die Beziehung nicht reingehalten wird.

Bei derartigem gegenseitigen Verständnis der verschiedenen Handlungsweisen werden diese immer mehr interpretiert als Zeichen im Sinne von Vorzeichen oder Konsequenzen und als Symbole im Sinne von assoziativ damit verknüpften Inhalten, die ansonsten keine kausallogische Verbindung mit der eigentlichen Handlung haben. Als Symbol für etwas, was man dem Handelnden unterstellt, repräsentieren Handlungen etwas von ihnen Verschiedenes (z.B. den Handelnden selbst) und können derart Unterschiedliches bewirken je nach Überzeugung dessen, der sich davon betroffen fühlt, was diese Handlungen für ihn bedeuten, also wie er sie interpretiert bzw. in seinem Gedächtnis verankert hat. Derartige Überzeugungen können Resonanz erzeugen oder verstärken oder als Missverständnisse oder Gegensätze Resonanz dämpfen und schließlich sogar zum Verstummen bringen, wenn die Missverständnisse nicht geklärt und die Gegensätze nicht überwunden werden. Je mehr ein Kind solche Zusammenhänge in einer durch Resonanz geprägten Beziehung mit seiner Mutter begreift und versteht, desto mehr entdeckt es seine <u>repräsentationale Selbstwirksamkeit</u>, wie es durch bestimmte Überzeugungen Resonanz beeinflussen kann, und dass andere Menschen dasselbe tun. Dadurch konzeptualisiert es seine menschliche Umwelt als repräsentationale.

Wenn man nun danach fragt, wann eine Überzeugung objektiv richtig ist, dann gilt nach der im 1. Kapitel dargestellten Daseinsanalyse, dass sie dann objektiv richtig ist, wenn sie die Resonanz- bzw. Liebesfähigkeit der Beteiligten fördert, denn das utopische Ziel der vollkommenen Liebe ist allen Menschen gegenübergestellt und damit objektiv im wörtlichen Sinn. <u>Sich um diese Richtigkeit seiner Überzeugungen zu bemühen, sich also immer mehr um Erkenntnis und Durchblick zu bemühen</u>, was Resonanz und Liebe betrifft und welcher starke Wert bzw. welches ethische Prinzip gerade am wichtigsten ist, ohne die anderen aus den Augen zu verlieren oder gar zu missachten, um Richtiges und in demselben Sinn Gutes zu bewirken, ist <u>das sechste ethische Prinzip des liebevollen Handelns</u>, welches uns aus dem Kreislauf der ersten fünf Prinzipien herausführen kann, ein Kreislauf, wie ich ihn im Zusammenhang mit verschiedenen Entwicklungen innerhalb verschiedener Religionen aufgezeigt habe (Kolb, 2017d). Es gibt hier ein Muster, dass eines der fünf ethischen Prinzipien nach dem anderen in den Mittelpunkt gestellt und das vorige immer weniger beachtet wird, bis schließlich keines mehr richtig berücksichtigt wird, wodurch großes Leid entsteht, das erste Prinzip der Leidminderung wieder an die erste Stelle rückt und der Kreislauf von vorne beginnt.

Ein solcher Kreislauf kann sich auch beim Einzelnen entwickeln: zuerst bemüht man sich um Leidminderung, dann kämpft man um Fairness und verliert dabei das Maß, sodass Leid entsteht. Um eigene ethische Vorstellungen dann zu verwirklichen, will man sich durchsetzen und in der Rangordnung immer höher kommen, um mehr Macht und Einfluss zu bekommen, und wenn man auch hier das Maß verliert, setzt man dazu unlautere Mittel ein und wird dadurch anderen gegenüber unfair. Dies erkennend versucht man, neue Bündnisse einzugehen, entsprechende Versprechen zu machen und den neuen Partnern gegenüber treu zu sein. Wenn man diese Treue übertreibt und es allen recht machen will, also keine Unterschiede macht, missachtet man das Prinzip vernünftiger Rangordnungen. Will man nun entstandene Missverständnisse ausräumen oder sich für Fehler entschuldigen, um die Beziehung zu anderen möglichst reinzuhalten, hält man vielleicht frühere Versprechen nicht mehr ein, fühlt sich schließlich hoffnungslos überfordert, wird ungerecht und wütend und vergisst alle ethischen Prinzipien, sodass entsprechendes Leid bei allen entsteht und das Prinzip der Leidminderung wieder den Vorrang bekommt. Da dieses sechste ethische Prinzip des liebevollen

Handelns auf den vorigen fünf beruht und deren sinnvolle Anwendung betrifft, ist es ebenfalls menschlich allgemeingültig und kann die Resonanz zwischen uns Menschen immer wieder zum Verstummen bringen, nämlich dann, wenn die ersten fünf ethischen Prinzipien nicht mehr beachtet werden und so großes Leid entsteht.

Vom sozialpsychologischen Standpunkt aus, wonach es in jeder menschlichen Gemeinschaft zum einen sogenannte „task leader" gibt, die sich mit den Aufgaben der Gemeinschaft befassen, wie man deren Außenkontakte regelt (Schutz vor äußeren Gefahren, Herbeischaffen von Ressourcen aus der Umwelt), und zum anderen sogenannte „social emotional leader", die sich um die innere Harmonie der Gemeinschaft kümmern, fasst man die mit den bisherigen fünf ethischen Prinzipien verbundenen Gegensatzpaare aktiv-passiv, subjektiv-objektiv, diskontinuierlich-kontinuierlich, linear-zirkulär und zeitlich-räumlich derart zusammen, dass die jeweils erstgenannten Pole das von mir sogenannte männliche Prinzip des „task leader" konstituieren, dass es wichtig ist, zuerst sich selbst zu konsolidieren (z.B. durch Lernen und Üben), bevor man anderen dann viel effektiver helfen kann, was die Außenkontakte betrifft, und die jeweils anderen Pole das von mir sogenannte weibliche Prinzip des „social emotional leader", dass es wichtig ist, zuerst für andere da zu sein, bevor man sich um eigene Belange kümmert (Kolb, 2017c, S. 109 ff., Kapitel 2.10). Dann ist der Gegensatz männlich-weiblich mit dem sechsten ethischen Prinzip des liebevollen Handelns verknüpft. Man bemüht sich nämlich darum herauszufinden, unter welchen Bedingungen es richtig ist, entweder nach dem weiblichen oder nach dem männlichen Prinzip zu handeln bzw. entweder in die Rolle des „social emotional leader" zu schlüpfen oder in die des „task leader".

Als siebtes ethisches Prinzip ergibt sich schließlich das Bemühen um ein sinnvolles geglücktes Leben, was bedeutet, dass man sich immer mehr der Entwicklung der eigenen Liebesfähigkeit und damit der Resonanz mit der vollkommenen Liebe hingibt bzw. sich immer mehr dafür öffnet und andere darin bestärkt, dasselbe zu tun. Man öffnet sich auch immer mehr anderen gegenüber, deren Zahl immer mehr zunimmt, sodass der Unterschied öffentlich-privat immer geringer wird. Damit ist dieses siebte ethische Prinzip das der liebevollen gegenseitigen Vermittlung des Lebenssinns. Da wir bei der Entwicklung unserer Liebesfähigkeit immer auch auf andere Menschen angewiesen sind und die vollkommene Liebe als Ziel in unserem Dasein bezeugt ist (Kolb, 2017a), ist auch das siebte ethische Prinzip menschlich allgemeingültig und lässt die zwischenmenschliche Resonanz allmählich verstummen, wenn sich niemand mehr um den Austausch mit anderen bezüglich der Entwicklung der eigenen Liebesfähigkeit bemüht, sodass diese Entwicklung stagniert oder sogar rückläufig und das Leben auf diese Weise immer sinnloser wird. Unser Leben bekommt ja nur durch die Entwicklung unserer Liebesfähigkeit einen Sinn.

Da die vollkommene Liebe als Utopie nicht von dieser Welt ist, bleibt es für uns immer ein Rätsel, womit wir in Resonanz kommen, wenn wir uns derart öffnen. Hier nur einige der vielen möglichen Spekulationen über dieses Rätsel: Ist es unser vermutetes eigentliches Selbst, die Person, von der wir annehmen, dass sie durch alles hindurchtönt? Andererseits, wenn es darum geht, dass möglichst alle sich derart öffnen und es zu einer Vereinigung aller eigentlichen Selbste kommt, wer ist diese letztlich unbegreifliche Person, der wir uns immer mehr hingeben und öffnen sollen oder wollen? Sind wir selbst vielleicht nur aus der absoluten Unendlichkeit ins Endliche projizierte Teile des Unendlichen? Hier glauben Menschen ganz unterschiedliche Dinge, was sich in den verschiedenen Religionen zeigt, denen eines aber gemeinsam ist, und zwar der Glaube, dass es etwas gibt, womit wir immer in Resonanz kommen können.

Übrigens, wer sich mit der indischen Chakren-Lehre auskennt, kann vielleicht eine Parallele zwischen den o.e. sieben ethischen Prinzipien und den sieben Haupt-Chakren erkennen.

## 4.  Vier Wirkungsbereiche der Resonanz

In den verschiedenen Aufgabenbereichen unseres Daseins hat Resonanz ganz unterschiedliche Wirkungen. Der grundlegende Bereich ist der Aufgabenbereich, in welchem es um die Erhaltung des Lebens geht. Darauf aufbauend beschäftigen wir uns damit, wie wir derartige Aufgaben immer leichter und mit weniger Mühsal erledigen können. In der Geschichte der Menschheit hat dies dazu geführt, dass wir unsere natürliche Umwelt immer mehr in eine menschlich zivilisierte Welt umgestaltet haben. Im Wort „zivilisiert" steckt das lateinische „civis", die Stadt, d.h. wir haben dabei insbesondere Städte geschaffen, in denen wir auf wesentlich weniger Raum zusammenleben müssen, was einen neuen Aufgabenbereich eröffnet hat, nämlich, wie wir unser Zusammenleben, also das zwischenmenschliche Handeln, an diese veränderten Umweltbedingungen anpassen müssen, damit wir uns nicht gegenseitig umbringen, sondern sich alle möglichst wohl fühlen.

Bei all diesen Aufgaben stellt sich früher oder später die Sinnfrage, wozu wir das alles machen, wozu wir uns so anstrengen, was uns in dieser Hinsicht so treibt, von was wir derart ergriffen sind, dass wir uns bei diesen Aufgaben, die immer komplexer und schwieriger geworden sind, so sehr um Lösungen bemühen. Diese Fragen stellen sich mit besonderer Schärfe, wenn uns bewusst wird oder wir uns bewusst machen, dass unser Leben mit dem Tod endet, unsere Spezies Mensch wie wahrscheinlich jede Spezies irgendwann aussterben und unsere Erde, unser Sonnensystem und entsprechend unser gesamter Kosmos früher oder später vergehen wird. Die einzige realistische Hoffnung besteht darin, dass unser Handeln sich vielleicht irgendwie positiv auf weitere Generationen, Spezies, Sonnensysteme oder nachfolgende Universen auswirken wird. Diese Hoffnung ist zugegebenermaßen sehr vage. Jedenfalls ergibt sich daraus ein vierter Aufgabenbereich, ob und wie wir uns selbst und uns gegenseitig dazu motivieren sollen und können, in den bisherigen drei Bereichen nicht aufzugeben, sondern engagiert weiterzumachen. Es geht dabei grundlegend um die Frage, ob es absurd ist, sich die Frage zu stellen, ob unser Dasein absurd oder sinnvoll ist. Oder ist diese Frage auch schon absurd?

## 4.1. Resonanz und Arbeiten

Beim Aufgabenbereich der Lebenserhaltung geht es zum einen um das Verfügbar-Machen lebenserhaltender Mittel, das sind vor allem Nahrungsmittel und Getränke, aber auch Heilmittel, also insgesamt Mittel, die zur Lebenserhaltung <u>verbraucht</u> werden müssen. Zum andern müssen alle diese Lebensmittel, wie ich sie insgesamt nennen möchte, auch so lange aufbewahrt und erhalten sowie verteilt werden, bis sie verbraucht werden. Beides möchte ich unter dem Begriff des Arbeitens zusammenfassen. Um Lebensmittel verfügbar zu machen, brauchen wir unseren Körper, dessen Muskelkraft und die Kraft seiner Sinne, während wir für die Aufbewahrung und Verwaltung einen bestimmten Platz bereitstellen müssen, der bestimmten Bedingungen genügt, damit die Lebensmittel nicht vorzeitig verderben. <u>Kraft, Platz und Zeit</u> spielen dabei eine besondere Rolle. Aufgrund des Verbrauchens bleibt in diesem Aufgabenbereich nichts Anderes erhalten als das Leben, und zwar auf Dauer noch nicht einmal unser individuelles Leben, sondern durch Fortpflanzung[6] nur das unserer Art.

Ferner reichen Kraft, Platz und Zeit einer menschlichen Gemeinschaft aus, um mehr Menschenleben zu erhalten als Mitglieder der Gemeinschaft, sodass nicht alle sich an diesen

---

[6] Schon Marx bezieht die Fortpflanzung in den Bereich der Arbeit mit ein (Arendt, 1967).

Aufgaben zur Lebenserhaltung beteiligen müssen. Insbesondere die körperliche Muskelkraft eines Mannes kann ausreichen, eine ganze Familie zu ernähren. Diese Produktivität aufgrund des Kraftüberschusses des Körpers findet ihre Ergänzung in der Aufbewahrung und Verwaltung der Lebensmittel. Zumindest im antiken Griechenland war das Verfügbar-Machen bzw. die Produktion (Herbeiführung) Aufgabe des Mannes, während die Verwaltung der Ehefrau oblag. Das war die Arbeitsteilung der Geschlechter in Griechenland. Solange dies harmonisch sich ergänzte und damit resonant war, „eroberte" der eine nach kraftvoll „männlichem" Prinzip[7] gemäß seinen Kräften die Lebensmittel, während die andere nach fürsorglich „weiblichem" Prinzip diese aufbewahrte und alle gemäß ihren Bedürfnissen versorgte und so die Kraft des Mannes wiederherstellte, der dann wieder weitere Lebensmittel „erobern" konnte. Je größer die Spannungen zwischen den „Eroberern", den <u>aktiv</u> Arbeitenden, und den „Verwaltern", desto größer ist die Entfremdung, was sich im schlimmsten Fall derart steigern kann, dass beide Parteien sich nicht mehr austauschen und jegliche Resonanz verstummt.

Im antiken Griechenland war der Mann der Dominante, sodass dadurch die Resonanz unter diesem Ungleichgewicht leiden konnte. Im mittelalterlichen Feudalismus beherrschten die Adligen die Bauern, die die hauptsächlichen Nahrungsmittel verfügbar machten, und sammelten von ihnen Abgaben ein, die sie dann in ihren Burgen und Schlössern verwahrten. Was hier vielleicht anfangs noch gerecht war, weil die Adligen die Bauern vor Feinden schützten, wurde mit der Zeit immer un-

---

[7] Unter männlichem Prinzip verstehe ich, dass jemand sich mit denjenigen Aufgaben einer Gemeinschaft beschäftigt, die mit ihren Außenkontakten zu tun haben, und unter weiblichem, dass jemand sich um die Harmonie innerhalb einer Gemeinschaft kümmert (Kolb, 2017c). Erstere nennt man in der Sozialpsychologie „task leader", letztere „social-emotional leader".

gerechter, was sich insbesondere in den Bauernkriegen auswirkte. Hier dominierten die Adligen als Verwalter die aktiv arbeitenden Bauern und wirtschafteten immer mehr in die eigene Tasche. Die aktive Arbeit und mit ihr die Arbeitskraft der Bauern wurde immer mehr geringgeschätzt. Dies änderte sich erst mit der Neuzeit, als durch die Aufklärung das Verfügbar-Machen von Lebensmitteln bzw. die aktive Arbeit aufgewertet und das Verwalten abgewertet wurde: Nimmt man die wichtigsten drei philosophischen Denker, die sich mit dem Thema der (aktiven) Arbeit beschäftigt haben, so diente sie John Locke als Grundlage, um sich dadurch Privateigentum anzueignen, Adam Smith, um Besitz und Reichtum anzuhäufen, und Karl Marx, um das eigentlich Menschliche wiederherzustellen. Alle drei kritisierten dabei Bevormundung und Macht- bzw. Gewaltausübung durch Verwalter, nämlich durch eine Regierung, den Staat oder den individualistisch-egoistischen Kapitalisten und hätten das jeweilige Übel am liebsten abgeschafft.

Da man sich auch von der Kirche distanzieren wollte, die nicht nur materielle Güter wie die Adligen verwaltete, sondern auch Wissen, Wahrheit und Moral, brauchte man anstelle der Bezugnahme auf Gott als dessen Kinder eine andere Rechtfertigung für Eigentum (Locke), dass man sich etwas aneignen durfte, bzw. für Besitz (Smith), dass man Reichtum anhäufen durfte, bzw. für das Menschliche (Marx), dass man sich über den Tieren stehend die Erde untertan machen durfte. Als Alternative zur Rechtfertigung nach dem christlichen Glauben an Gott diente das aktive Arbeiten, wodurch man sich Eigentum bzw. Individualität, Reichtum bzw. spezifische Seinsmöglichkeiten und Menschenwürde bzw. allgemeine Zugehörigkeit zur menschlichen Gemeinschaft verdienen konnte – alle drei Daseinsmodi des Menschen (Individuum, Spezies und Genus) waren somit gerechtfertigt, durch das aktive Arbeiten hatte jeder seine Daseinsberechtigung. Das Ureigene beim aktiven Arbeiten ist dabei der eigene Körper, der Inbegriff des Eigentums, während die Arbeitskraft die Möglichkeit des aktiven

Arbeitens darstellt und damit den Inbegriff des Reichtums als Vermögen, und gemeinsam aktiv zu arbeiten, sich das aktive Arbeiten zu teilen und einander zu helfen, ist der Inbegriff der Menschlichkeit. Was bewirkt nun Resonanz beim Arbeiten?

Je mehr wir beim aktiven Arbeiten unseren Körper spüren, weil er uns schmerzt oder ansonsten irgendwie stark beansprucht wird, desto weniger können wir in einer resonanten Beziehung mit unserer Umwelt sein, d.h. unsere Weltbeziehungen verstummen immer mehr. Sind wir jedoch in Resonanz mit unserer Umwelt, dann spüren wir kaum noch körperliche Beanspruchungen beim aktiv Arbeiten. Resonanz gibt uns eine positive Körperempfindung. Wenn wir beim Verwalten von Lebensmitteln einen Mangel unseres Körpers spüren z.B. Hunger, dann ist unsere Beziehung zur Umwelt beeinträchtigt und unsere Weltbeziehungen sind in Gefahr zu verstummen. Sind wir jedoch in Resonanz mit unserer Umwelt, dann spüren wir beim Verwalten keine körperlichen Beeinträchtigungen, sondern können uns mit denen freuen, die wir beim Verwalten versorgen, d.h. auch hier gibt Resonanz uns eine positive Körperempfindung.

Je mehr wir uns bei der aktiven Arbeit oder beim Verwalten anstrengen müssen, desto weniger fühlen wir unsere Möglichkeiten von der Welt mitbestimmt bzw. umso unabhängiger von der Welt erwarten wir Erfolge oder Misserfolge unserer Anstrengung, d.h. unsere Weltbeziehung verstummt immer mehr. Ist sie dagegen resonant, kommen uns unsere Tätigkeiten immer leichter vor, d.h. Resonanz gibt uns Gefühle von Leichtigkeit und Freiheit.

Je mehr wir uns beim Arbeiten mit anderen vergleichen, uns also in diesem Sinne selbst produzieren, desto weltloser scheinen uns die Ergebnisse unseres Arbeitens zu sein, da wir umso mehr egoistisch auf uns selbst konzentriert sind und gegen die Welt arbeiten, d.h. immer weniger resonant mit ihr sind. Je mehr Resonanz bei unseren Weltbeziehungen anklingt, je mehr wir mit unserer Umwelt in Einklang sind, desto weniger Konkurrenz und umso mehr Kooperation kommt beim Arbeiten zustande, d.h. Resonanz steckt uns an, affiziert uns in diesem Sinne, uns immer solidarischer mit anderen auszutauschen.

Leider gingen die gut gemeinten Ideen, Pläne und Wünsche der o.g. Philosophen nicht auf, denn man musste einschen, dass das Verwalten genauso wichtig war wie das Verfügbar-Machen, sodass der Konflikt zwischen beidem bis heute nicht endgültig gelöst ist und, wie ich meine, auch nur in der Utopie der vollkommenen Liebe vollkommen gelöst wäre. Es besteht hier ein Arbeitskampf, der bei uns zwar schon erheblich an Schärfe verloren hat, aber immer wieder aufflammt, z.B. in Tarifkonflikten. Was diesen Kampf etwas entschärft hat, ist das Erfinden und Herstellen von Werkzeugen und insgesamt einer von Menschen geschaffenen künstlichen Welt, die die Mühsal des Verfügbar-Machens und des Verwaltens von Lebensmitteln erheblich erleichtert hat.


## 4.2.  Resonanz und Herstellen

Der Aufgabenbereich des Herstellens, wie ich ihn an Hannah Arendt anlehnend bezeichnen möchte (Arendt, 1967), umfasst zum einen das Finden und Erfinden einschließlich der technischen Umsetzung von Möglichkeiten der Arbeitserleichterung, sowohl was das Verfügbar-Machen als auch das Verwalten von Lebensmittel betrifft, und zum anderen die Verbreitung einschließlich Werbung und Schulung für den Gebrauch der Mittel zur Arbeitserleichterung. Da das Arbeiten dem Überleben dient, geht es in Ergänzung von Hanna Arendt beim Herstellen auch um alle Erleichterungen, um zu überleben, z.B. auch um das Herstellen von Wohnmöglichkeiten, was ja nichts mit konsumierbaren Lebensmitteln zu tun hat, aber das Überleben erleichtert. Um das Arbeiten und Überleben zu erleichtern brauchen wir unabhängig von unseren eigenen körperlichen Möglichkeiten zusätzliche Energie, die wir uns aus der Umwelt holen müssen, z.B. Brennstoffe, bestimmte chemische Elemente oder die Energie von Tieren und Pflanzen, die wir der Natur mit Gewalt „entreißen". Früher haben Menschen sogar andere Menschen als Sklaven ihren Familien entrissen.

Die Energie spielt beim Herstellen insofern eine ganz andere Rolle als beim Arbeiten, als dass beim Konsum der Lebensmittel die der Natur entnommene Energie wieder zurückgegeben wird, während bei der Verwendung der hergestellten Gebrauchsdinge die der Natur entrissene Energie in den Dingen verbleibt und man um die Erhaltung der Gebrauchsdinge mit der Natur kämpft. Die künstlichen Gegenstände und die ganze von Menschen geschaffene künstliche Welt bildet in ihrer Künstlichkeit einen deutlichen Gegensatz zur Natur. Anstelle der Arbeitskraft benötigt der herstellende Mensch Wissen[8] und Kunstfertigkeit als Erfinder und technisch Herstellender, während er als Verbreiter und Schulender verkaufspsychologische und pädagogisch-didaktische Fähigkeiten und Fertigkeiten braucht. Aufgrund der Künstlichkeit der Gesamtsituation eines Herstellenden möchte ich dies zusammenfassend als <u>Wissenschaft und Kunstfertigkeit</u> bezeichnen. Einen enormen Aufschwung hat das Herstellen dadurch erfahren, dass mithilfe der Elektrizität zum erstenmal Energie in großen Mengen gespeichert und flächendeckend viel besser verteilt werden konnte. Dadurch waren viel mehr Maschinen und immer mehr Automation möglich, und es lohnte sich die Suche nach mehr Energiequellen, die wir zuerst in der Kohle, dann in anderen fossilen Brennstoffen und schließlich in der Atomenergie gefunden haben, wobei jeweils Wärme in Elektrizität umgewandelt wird. Dabei entsteht viel Entropie, d.h. inzwischen richten wir mehr Chaos an denn je. Aufgrund der vielen

---

[8] in Form von Wenn-Dann-Regeln, die dianoetische Tugend der Wissenschaft bei Aristoteles (Aristoteles, 1985)

Probleme mit der Atomenergie (Gefahren beim Betrieb und bei der Entsorgung des Atommülls) versucht man jetzt immer mehr auf erneuerbare Energien umzusteigen, was auch die Zunahme der Entropie und des Chaos mindert.

Es gibt aber noch ein viel schlimmeres Problem, welches unsere Weltbeziehungen und die Beziehung zu uns selbst belastet und jegliche Resonanz zum Verstummen bringen kann: Indem wir Menschen grenzenlos nach immer mehr Nutzen streben und schließlich alles zum Mittel für irgendeinen Zweck zu machen drohen, bedeutet das in letzter Konsequenz, dass irgendwann auch der Mensch oder Menschen Mittel zum Zweck werden. Den „Zweckprogressus ad infinitum", wie Nietzsche dieses Problem im Aphorismus 666, „Wille zur Macht", benannte, lösen wir nicht durch Verbote, denn, wenn wir alles bis auf den Menschen zu Mitteln machen dürfen, dann wird die ganze Natur entwertet und damit doch der Mensch, der ja aus der Natur kommt.

Apropos Werte: Das Problem für den Menschen als Hersteller besteht hier darin, dass er, „dessen gesamte Tätigkeit darin besteht, Maßstäbe anzulegen, Richtlinien aufzustellen, Regeln anzuwenden und Messbarkeit jeglicher Art in das »Chaos« zu tragen, das die unberührte Natur dem weltlichen Blick des Menschen bietet" (Arendt, 1967, S. 200), das Fehlen absoluter Werte nicht ertragen kann, denn dann ist er auch seiner Maßstäbe beraubt, die niemals relativ sondern immer absolut sind (ebenda). Es gibt eben keinen absoluten Maßstab für das Gute und Wertvolle, sondern nur den relativen, dass alles das gut und wertvoll ist, was unsere Liebesfähigkeit fördert, also unser ganzheitliches Selbstverständnis, unsere kommunikative Solidarität und unsere Aktivitäten, die das Leid in der Welt mindern.

Völlig verwirrend ist die Willkür der Bewertung bei den Kunstwerken, „die überhaupt keinen Nutzen aufweisen und dazu noch so einmalig sind, dass sie prinzipiell unvertauschbar sind, also überhaupt keinen »Wert« besitzen, den man in Geld ausdrücken oder sonst auf einen Generalnenner bringen könnte" (ebenda, S. 201). Hier zeigt sich, dass es in der Welt von uns Menschen nicht nur auf den Nutzen zum Gebrauch von etwas ankommt, sondern auch darauf, ob und wie uns etwas anspricht bzw. Resonanz in uns erzeugt, indem wir davon ergriffen sind: zum einen ob und wie es unsere Aufmerksamkeit weckt und uns auffällt – das ist der materielle Aspekt der Resonanz, ob uns der Unterschied auffällt, wenn das betreffende Objekt da ist oder ein anderes –, zum anderen ob und wie es uns empfindungsmäßig ergreift, inwiefern wir bei uns eine Entsprechung dieses Objektes finden – das ist der psychische Aspekt der Resonanz –, und zum dritten ob und wie es Erwartungen und bestimmte Vorstellungen bei uns anspricht – das ist der geistige Aspekt der Resonanz.

Das Bedürfnis nach einem Wohlgefühl bzw. nach Resonanz kann auch ausgenutzt werden, indem Konsumgüter oder Gebrauchsgegenstände ein ansprechendes Design bekommen und so „schön" aussehen, dass man sie lieber verbrauchen oder gebrauchen möchte als andere Dinge, „was aber dem Wesen des Schönen widerspricht, das gerade das Zugreifen abwehrt und, wo es voll in Erscheinung tritt, jeglichen Umgang mit dem betreffenden Gegenstand verwehrt" (ebenda, S. 210) und daher kitschig ist bzw. „genug Geschmacklosigkeit auf dem Gewissen" (ebenda) hat. Auch andere Bedürfnisse können durch die Gestaltung von Gegenständen ausgenutzt werden, z.B. das Bedürfnis nach Anerkennung, was auch mit Resonanz zu tun hat, indem Prestigeobjekte teurer verkauft werden und dabei suggeriert wird, man werde dadurch aufgewertet. Auch hier wird das Menschliche, in diesem Fall unser Bedürfnis nach Resonanz, Mittel zum Zweck.

So, wie es beim Arbeiten das Spannungsverhältnis zwischen den aktiv Arbeitenden und den Verwaltern gibt, so beim Herstellen das zwischen den aktiv Herstellenden und Entwi-

ckelnden und den Vertreibern und Verkäufern der Gebrauchsgegenstände. Bei zu großen Spannungen kann auch hier die
Resonanz verstummen.

Um dieses Problem mit der Resonanz beim Herstellen
wenigstens zu entschärfen, denn vollständig gelöst wäre es erst
in der Utopie der vollkommenen Liebe, haben wir Menschen
nicht nur Verbote, sondern auch positive Regeln und bestimmte Konventionen für das Zusammenleben untereinander
und im Umgang mit der Natur aufgestellt, womit wir einander
dahingehend zu beeinflussen versuchen, mehr in Resonanz
miteinander und mit der Natur zu treten. Damit sind wir beim
(zwischen-)menschlichen Handeln.


## 4.3.  Resonanz und (zwischen-)menschliches Handeln

Bei allen Aufgabenbereichen gibt es einen Ursprung,
etwas Grundlegendes, auf dem die jeweiligen Tätigkeiten beruhen, die wir dabei ausüben: (1) beim Arbeiten ist es der prin-
zipielle Zwang der Lebensnotwendigkeiten, der Lebensrhyth-
mus, „bei dem jeder mit muss", dessen Wahrnehmung uns mit
der Daseinsstruktur[9] der Lebenswirklichkeit konfrontiert; (2)
beim Herstellen die zündende Idee, die inspirierende Vorstellung (Eidos), und wenn das entsprechende Ergebnis bereit- o-
der hergestellt ist, dann gibt es bestimmte neue Möglichkeiten,
was verbunden ist mit der Daseinsstruktur der Zeitlichkeit; (3)
und beim zwischenmenschliche Handeln, mit dem wir uns in
diesem Unter-Kapitel genauer beschäftigen, finden wir am
Anfang die freiwillige Initiative, mit der wir unserem Leben
eine Richtung bzw. einen Sinn geben, wobei wir uns dabei auf
unser Leben als Menschen, auf das, was uns als Menschen ergreift, auf unsere Ergriffenheit entschlossen einlassen müssen,

---

[9] S. Anhang, Tabelle 1

um den entsprechenden Freiraum ausnutzen zu können, d.h. hier wird die Daseinsstruktur der <u>Räumlichkeit</u> deutlich[10].

Beim Arbeiten geht es vor allem darum, die eigene Arbeits<u>kraft</u> möglichst effektiv einzusetzen, damit die Mühsal möglichst gering ist, der Hersteller ist bestrebt, der Natur möglichst viel <u>Energie</u> zu entreißen, und im zwischenmenschlichen Kontakt möchten wir, dass durch unsere Initiativen möglichst viel von uns in die Beziehung zu anderen einfließt, d.h. dass unser <u>persönlicher Einfluss</u> möglichst groß ist[11]. Effektives Arbeiten gibt uns Selbstvertrauen, erfolgreiches Herstellen Selbstachtung und erfüllende zwischenmenschliche Kontakte Selbstwertschätzung. Zusammen trägt dies dazu bei, dass wir uns als Mensch anerkannt fühlen. Da wir Effektivität, Erfolg und Erfüllung nur im Vergleich und im Austausch bzw. durch die Verständigung, also in Resonanz mit anderen begreifen und verstehen können, sind wir immer auf andere und auf Resonanz mit ihnen angewiesen, wenn es um unsere Anerkennung als Menschen geht.

Besonders deutlich wird die Rolle der Resonanz im Zwischenmenschlichen, da es hier um den Kontakt, die gegenseitige Berührung geht. Beim Arbeiten geht es mehr um Resonanz mit dem eigenen Körper, mit der Umwelt, aus der wir unsere Lebensmittel herbeiholen, und mit den Lebensmitteln selbst, während es sich beim Herstellen einerseits um den konflikthaften Kontakt mit der Natur und andererseits um unser Verhältnis mit der von uns geschaffenen künstlichen Umwelt handelt, wobei die Gefahr einer Entfremdung von der eigenen Natur (bei übertriebener Künstlichkeit und Sterilität der künstlichen Umwelt) und der Natur überhaupt besteht.

Um resonante und damit „gelingende Weltbeziehungen herzustellen", reichen „Anerkennung und Verständigung […] nicht aus" (Rosa, 2016, S. 597). Beides humanisiert nur

---

[10] Initiative kommt von lateinisch inire, „hineingehen", nämlich in einen Raum.

[11] Jede Initiative offenbart etwas Persönliches.

das „auf Vergrößerung der Weltreichweite zielende Weltverhältnis, das darauf ausgerichtet ist, Welt erreichbar und verfügbar zu machen, und das zugleich den technischen, ökono-
mischen, rechtlichen und wissenschaftlichen Institutionen der
Moderne eingeschrieben ist" (ebenda), und unterstützt damit
„die Tendenz der Moderne, dieses spezifische Weltverhältnis
[...] als die normale, primäre, selbstverständliche Form der
Weltbeziehung" (ebenda) hinzustellen. Dies ist „eine funda-
mentale Verkennung [...] der *conditio humana*" (ebenda),
denn das Wesen unserer Unzulänglichkeiten liegt darin, dass
wir nicht wissen, was wir tun, es sind die grundsätzlichen
Probleme jeden menschlichen Handelns, dass wir zum einen
nicht abwägen können, was bei einer Initiative herauskommt,
weil andere Menschen mitmachen und eigene Initiativen ein-
bringen können, und dass wir zum anderen Initiativen nicht
zurücknehmen können.

Verständigung und Anerkennung als Menschen spielen
sich im Modus des Genus ab und reichen deshalb allein nicht
aus, um gelingende Beziehungen herzustellen. Sie können
höchstens das Problem der generellen Schrankenlosigkeit
menschlichen Handelns eindämmen, denn „Schrankenlosigkeit erwächst aus der allem Handeln eigentümlichen Fähigkeit,
Beziehungen zu stiften, und damit aus der ihm inhärenten Tendenz, vorgegebene Schranken zu sprengen und Grenzen zu
überschreiten" (Arendt, 1967, S. 238). Durch gegenseitige
Verständigung in gegenseitigem Vertrauen, gegenseitiger
Achtung und Wertschätzung können wir vereinbaren, gewisse
Grenzen einzuhalten und bestimmte Schranken zu beachten.
Im Modus des Individuums müssen wir immer wieder danach
trachten, nichts persönlich übel zu nehmen, sonst können wir
dem individuellen Problem der Unwiderruflichkeit von Initiativen nicht begegnen und landen bei Blutrache, Krieg und anderen Gewalttaten, wenn wir uns nicht selbst dabei zerfressen.
Im Modus der Spezies ist es zur Reinhaltung von Beziehungen

wichtig, Fehler zuzugeben und nach Möglichkeit wiedergutzumachen und zu versprechen (und zu halten), alles zu tun, damit uns möglichst wenig Fehler unterlaufen. Versprechen zu geben und zu halten, begrenzt auch die spezifische Problematik der Unabwägbarkeit der Ergebnisse von Initiativen. Indem wir so in allen Modalitäten unseres Daseins immer besser mit den Unzulänglichkeiten unseres Menschseins umgehen, schaffen wir optimale Bedingungen für resonante und gelingende Weltbeziehungen. Erzwingen lassen sie sich ja nicht.

Der Einfluss bzw. die Einflussnahme, die beim zwischenmenschlichen Handeln eine so entscheidende Rolle spielt, hat viel mit Resonanz zu tun, da der Beeinflussende aktiv in Resonanz tritt, die der Beeinflusste (passiv) zulässt, oder die nicht gelingt wegen gegenseitiger Entfremdung. Die Verbindung von Einfluss mit Resonanz hat auch viel mit dem Sprechen zu tun, wobei die menschliche Stimme beim Sprechen schon mit ihren physikalischen Resonanzmöglichkeiten sehr wichtig ist. Sprechen und Handeln konstituieren unsere Menschlichkeit, ohne Sprechen und Handeln gibt es keine Initiative, kein Einschreiten, kein entschlossenes Sich-Einlassen, kein Initium[12], keinen Einfluss, also keinen Menschen und keine Resonanz. Weder zu arbeiten noch etwas herzustellen, sondern andere dafür einzuspannen, mag zwar moralisch verwerflich sein, ist aber immer noch menschlich. Jedoch ein „Leben ohne alles Sprechen und Handeln [und Resonanz …] wäre buchstäblich kein Leben mehr, sondern ein in die Länge eines Menschenlebens gezogenes Sterben" (Arendt, 1967, S. 215).

Resonanz, Sprechen und Handeln sind untrennbar miteinander verbunden, denn bei jeder Interaktion mit anderen zeigt sich die Einzigartigkeit eines jeden, sodass gesagt oder gefragt werden kann, wer wer ist. Wenn jemand etwas getan hat, was uns betrifft, was also Resonanz in uns hervorruft, dann

---

[12] Initiative kommt vom lateinischen Wort Initium, Anfang, und ist das Supinum I von inire, hineingehen, einschreiten. Wörtlich bedeutet Initium daher den Moment oder den Punkt, um einzuschreiten.

fragen wir als erstes, wer das getan hat, wenn wir das nicht wissen. Umgekehrt identifizieren wir jemanden mit dem, was für eine Resonanz er in uns auslöst, was er sagt und wie er sich austauscht mit uns oder anderen, und stellen z.B. fest, wenn jemand etwas sagt oder macht, was unserer Meinung nach nicht zu demjenigen passt: „Das ist aber nicht von dir." Resonanz, Sprechen und Handeln werfen also einerseits die Frage auf, wer der Handelnde oder Sprechende ist, und enthüllen aber auch andererseits, wer der andere ist, diese mit Resonanz verbundenen Tätigkeiten enthüllen ihn selbst und seine Einzigartigkeit. Das Paradoxe dabei ist, dass niemand sprachlich ausdrücken kann, wer jemand ist, wir können nur formulieren, was jemand ist. Rein logisch kämen wir dabei auch in einen Widerspruch hinein, denn meine Rede enthüllt, wer ich bin, aber, wenn ich dabei sagen könnte, wer ich bin, wäre das ein logisch nicht erlaubter Rückbezug (siehe Russel'sche Antinomie), und wenn ich es trotzdem versuchen würde, würde dies einen Missklang, eine Dissonanz und Verwirrung in uns auslösen.

Alle Tätigkeiten können mit Worten verbunden werden, aber es „gibt keine menschliche Verrichtung, welche des Wortes in dem gleichen Maße bedarf wie das Handeln" (ebenda, S. 218). Das liegt daran, dass im Miteinander alles etwas repräsentiert, seitdem wir die Entwicklungsebene des repräsentationalen Selbst erreicht haben, d.h. im Zwischenmenschlichen bekommt jede Aktivität eine Bedeutung und damit Worte bzw. einen sprachlichen Ausdruck auf der symbolischen Ebene, wodurch die Resonanz je nach Bedeutung eine ganz andere Qualität haben kann. Insbesondere repräsentieren sowohl Handeln als auch Sprechen die aktiv-resonante Person selbst, und das ist der „Umstand, der sie [die Sprache] so umständlich macht" (ebenda, S. 219).

Über das, wer wir jeweils sind, können wir nicht verfügen, denn es ist uns verborgen, und wir können nur über andere, die bis zu einem gewissen Grad wahrnehmen, wer wir sind, Kenntnis davon bekommen und so mehr über uns erfahren. Dabei geht jeder natürlich ein gewisses Risiko ein, wenn er sich durch Handeln und Sprechen zeigt, denn es können dabei auch Unzulänglichkeiten bekannt werden, von denen der Betreffende nichts weiß und ahnt. In der Öffentlichkeit kann dies zu entsprechenden Unannehmlichkeiten führen, wenn andere diese Schwächen ausnutzen. Hier zeigt sich die Bedeutung von Vertrauen, ohne das Resonanz früher oder später verstummt, wobei man die Vereinbarung treffen kann, dass aus der persönlichen Begegnung nichts Persönliches vom anderen an die Öffentlichkeit dringen darf, wie dies in Selbsterfahrungsgruppen oder bei psychotherapeutischen Behandlungen abgemacht wird. Auf diese Weise kann jeder mehr über sich, seine Wirkung auf andere und seine blinden Flecken erfahren, ohne dass dies ausgenutzt wird.

Die Frage nach dem Wer, nach der Person oder den Personen, zwischen denen Resonanz entstehen und damit gegenseitige persönliche Einflussnahme geschehen kann, verdeutlicht noch einmal die Unverfügbarkeit von Personen und Resonanz[13]. Diese Unverfügbarkeit zeigt sich auch im „Versagen der Sprache vor dem lebendigen Wesen der Person, das sich im Verlauf des Sprechens und Handelns dauernd zeigt" (ebenda, S. 223) und lebendige Resonanz erwartet. Die Tragweite dieses Umstands „schließt nämlich prinzipiell die Möglichkeit aus, [… menschliche] Angelegenheiten je so zu handhaben wie Sachen, die uns wesentlich zur Verfügung stehen [..., indem] wir sie benennen" (ebenda). Auch Resonanz ist in diesem Sinn eine menschliche Angelegenheit. Dadurch besteht eine Unzuverlässigkeit und Vieldeutigkeit, der wir mehr oder weniger hilflos gegenüberstehen und die uns sehr ängstigen kann.

Handeln und Sprechen „durchweben", wie Hannah Arendt es sinngemäß ausdrückt (ebenda, S. 225 f.), alle Aktivitäten und alles, was bei solchen Aktivitäten geschieht, sobald

---

[13] In beiden Worten steckt das lateinische Verb sonare, klingen.

mehrere Menschen miteinander in Kontakt kommen, sodass auch das sachlichste Miteinandersein von einem von der Sache vollkommen unabhängigen Gewebe durchwirkt ist, „dem Bezugssystem nämlich, das aus den Taten und Worten selbst, aus dem lebendig Handeln und Sprechen entsteht [...]. Dieses zweite Zwischen, das sich im Zwischenraum der Welt bildet, ist ungreifbar, da es nicht aus Dinghaftem besteht und sich nicht verdinglichen oder objektivieren lässt" (ebenda, S. 225). Dieses Gewebe, kann man sagen, wird durch Resonanz gewebt. Menschen geht es nie allein um Sachliches, dann wären sie keine Menschen, sondern Maschinen, es geht ihnen immer auch um zwischenmenschliche Beziehungen und um Resonanz. Andererseits kann auch keine persönliche Begegnung und Resonanz zwischen Menschen entstehen, wenn es dabei nicht auch um etwas geht, was mit einem privaten und mit einem öffentlichen Interesse zu tun hat, nämlich mit etwas, was dinglich-sachlich dazwischen ist[14] – so ergibt sich unsere Resonanz mit Dingen. Und was zwischen Menschen ist, ist zum Teil eigenes Privatinteresse, zum Teil spezifisches Interesse der persönlich Beteiligten und zum Teil allgemein das von allen Menschen, denn Menschen sind prinzipiell von gleicher Art, sonst könnten sie nicht miteinander sprechen und handeln.

Mit der Ordnung der verschiedenen menschlichen Interessen, die genauso wie das menschliche Handeln und die menschliche Einflussnahme in unserer Verantwortung liegt, betreten wir den Bereich des Politischen. Zwischen dem Handeln und der Einflussnahme einerseits und der jeweiligen politischen Ordnung besteht eine ähnliche Spannung wie zwischen dem aktiven Arbeiten und dem Verwalten der Konsumgüter oder zwischen dem aktiven Entwickeln und Herstellen und dem Vertreiben der Gebrauchsgüter.

Bis jetzt habe ich nur den persönlichen Einfluss behandelt und analysiert. Im Zusammenhang mit politischen Ord-

---

[14] Interesse kommt von lateinisch inter esse, dazwischen sein.

nungen gibt es jedoch auch Einflüsse von menschlichen Gemeinschaften auf ihre Mitglieder durch Vorstellungen über Ethik und Moral, durch Gebote, Verbote, Regeln, Normen, Konventionen und Gesetze. Derartiges sollte unsere Verständigung untereinander und unser gegenseitiges Vertrauen, unsere gegenseitige Achtung und Wertschätzung im Modus des Genus, unsere Bereitschaft, als Individuen nichts persönlich übel zu nehmen und im Speziellen unsere Beziehungen untereinander reinzuhalten und Versprechen zu geben und zu halten, so beeinflussen, dass unsere Unzulänglichkeiten immer weniger zum Tragen kommen und unser Zusammenleben immer harmonischer und unsere Weltbeziehungen immer gelingender werden.

Abschließend möchte ich noch auf folgenden Zusammenhang zwischen Resonanz und zwischenmenschlichem Handeln hinweisen: Dauerhafte Einflussmöglichkeiten bzw. Resonanz gibt es nur dann, „wenn Worte und Taten untrennbar miteinander verflochten erscheinen, wo also Worte nicht leer und Taten nicht gewalttätig <u>stumm</u> sind, wo Worte nicht missbraucht werden, um Absichten zu verschleiern, sondern gesprochen sind, um Wirklichkeiten zu enthüllen, und wo Taten nicht missbraucht werden, um zu vergewaltigen und zu zerstören, sondern um neue Bezüge zu etablieren und zu festigen, und damit neue Realitäten zu schaffen" (ebenda, S. 252, Hervorhebung von mir).


## 4.4.  Resonanz und Sinngebung

Der Beginn der Neuzeit der europäischen Geschichte wird meist durch die drei Ereignisse der Entdeckung Amerikas, der Reformation und der Entwicklung der Naturwissenschaften durch neue Wahrnehmungsinstrumente gekennzeichnet (Arendt, 1967, S. 318). Alle drei sind mit bestimmten tiefen menschlichen Enttäuschungen verbunden, die die jeweiligen Weltbeziehungen von uns als Arbeitende, Herstellende und menschlich Handelnde entsprechend erschütterten.

Durch die Entdeckung Amerikas entwickelte sich der Kolonialismus mit der Unterdrückung der indigenen Völker und mit einer Form der Sklaverei, die in ihrer Unmenschlichkeit und Grausamkeit die der Antike weit übertraf. Die Ausbeutung der Arbeitskraft von arbeitenden Menschen nahm ungeahnte Dimensionen an und veränderte solche Weltbeziehungen bzw. die bisherigen Vorstellungen davon, dass Sklaven zwar unfrei waren, dass aber für ihre Sicherheit und für ihren Lebensunterhalt gesorgt war. Denn jetzt wurde ihre Arbeitskraft bis zur Vernichtung der jeweiligen Sklaven ausgenutzt.

Die Entwicklung der Naturwissenschaften durch die Erfindungen des Menschen als Hersteller ermöglichte ungeahnte Wahrnehmungen und Fortschritte und zeigte ihm, dass vieles, was er bisher für wirklich und wahr gehalten hatte, auf Sinnestäuschungen beruhte. So wurden auch seine Weltbeziehungen erschüttert, denn wenn er weiter darüber nachdachte, dann musste er sich fragen, ob weitere Erfindungen, von denen er nicht einmal träumen konnte, seine momentanen Erkenntnisse nicht genauso als Täuschungen entlarven würden. Seine erlangte Meisterschaft konnte immer wieder durch neue Entwicklungen der Naturwissenschaften bedeutungslos werden.

Bei der Reformation schließlich wurden das Vertrauen in die Kirche und der Glaube an ihre Lehren erschüttert. Der Mensch als Handelnder war darüber enttäuscht, dass Verzeihen in Form des Ablasses und damit die Liebe immer käuflicher geworden waren. Der Glaube an die Einhaltung von (Resonanz-)Versprechen und die Hoffnung auf echtes Verzeihen kamen ins Wanken, und damit wurden immer mehr die Bindungen und Verbindlichkeiten unter den Menschen aufgelöst, was sich am schrecklichsten im Dreißigjährigen Krieg zeigte. Man ließ sich, inzwischen immer misstrauischer geworden, immer weniger beeinflussen, sodass die Souveränität vieler menschlicher Gemeinschaften aufgrund des mangelhaften Zusammenhalts vernichtet wurde.

Enttäuschungen führen zu Zweifeln, und statt sich über das Verborgene zu wundern, wenn es doch einmal in Erscheinung trat, statt es zu bewundern wie die Griechen der Antike, fingen die Menschen der Neuzeit an, alles immer mehr in Zweifel zu ziehen, zuerst die Welt, die man mit immer größerer Distanz misstrauisch aus einer heliozentrischen Perspektive betrachtete, und dann die eigenen Umgangsweisen, insbesondere das Erkennen bzw. Betrachten, das Beurteilen bzw. Überlegen und das Entscheiden bzw. die logische Verstandestätigkeit. Schließlich zweifelten immer mehr Denker wie z.B. Heinrich Heine, Friedrich Nietzsche oder Albert Camus den Sinn unseres Daseins an, dessen Absurdität ihnen so augenscheinlich vorkam. Dabei geht es um das Resonanzversprechen der Kirche, z.B., dass Jesus gesagt haben soll, „Denn wo zwei oder drei versammelt sind in meinem Namen, da bin ich mitten unter ihnen" (Matthäus, 18, 20) und „ich bin bei euch alle Tage bis ans Ende der Welt" (Matthäus, 28, 20). Entsprechend konstatiert Hartmut Rosa: „Religion wird in dieser Perspektive tatsächlich zur Beziehung [...], welche in den Kategorien der *Liebe* und des *Sinns* die Gewähr dafür zu geben verspricht, dass die Ur- und Grundform des Daseins eine Resonanz- und keine Entfremdungsbeziehung ist" (Rosa, 2016, S. 435).

Mit dem Zweifel an der Glaubwürdigkeit der Kirche kam der Verdacht auf, dass die Ur- und Grundform des Daseins eine Entfremdungsbeziehung ist und unser Dasein mit all unseren Resonanzhoffnungen absurd und nicht sinnvoll ist. Seitdem ist die Moderne auf der Suche nach Gründen für einen Sinn des Daseins bzw. danach, dass es ein begründetes Resonanzversprechen gibt. Nun war das Resonanzversprechen der Kirche nicht bedingungslos, man sollte dafür ein gottgefälliges Leben führen. Dementsprechend stellt auch die Moderne Bedingungen und tritt so in die Fußstapfen der Kirche. Aufgrund der Unverfügbarkeit der Resonanz, dass man sie nicht erzwingen kann, bleibt immer ein Restrisiko, dass trotz aller Erfüllung irgendwelcher sinnvollen oder unsinnigen Bedingungen, jegliche Resonanz ausbleibt.

Durch die enge Verbindung bzw. die Äquivalenz von Resonanz(-glück) und Sinn ist der Sinn unseres Daseins genauso unverfügbar wie Resonanz, d.h. es gibt keine Garantie für ein geglücktes oder sinnvolles Leben. Insofern sind jeder Ethik und Moral Grenzen gesetzt, entsprechende Gebote und Verbote können unser momentanes Dasein höchstens erträglicher, aber niemals mit Sicherheit glücklich oder geglückt machen. Für das in meiner Daseinsanalyse propagierte utopische Ziel der vollkommenen Liebe gilt natürlich dasselbe. Es gibt nur die Möglichkeit, aber keine Garantie, dass unsere Liebesfähigkeit sich weiterentwickelt, und durch entsprechende Bedingungen werden nur die Möglichkeiten für Resonanz oder die Weiterentwicklung unserer Liebesfähigkeit eröffnet, ähnlich wie es auch in Goethes Faust heißt, „Wer immer strebend sich bemüht, den <u>können</u> wir erlösen" (Faust II,11936 f., Hervorhebung von mir).

Abschließend möchte ich die Bedingungen analysieren, die in der westlichen Kultur propagiert werden, dass sie ein resonantes und geglücktes Leben ermöglichen können, und diese Bedingungen lassen sich danach gruppieren, welchen potentiellen Wert wir menschlichem Leben zuschreiben. Je mehr der potentielle Wert erfüllt ist – das definiert die Bedingungen für ein geglücktes Leben –, desto besser ist das Leben in derjenigen Hinsicht bis dahin geführt worden, dass Resonanz möglich werden und damit Sinn gegeben sein kann. Das Leben eines Lebewesens lässt sich beschreiben als die prozesshafte Entwicklung der Beziehung zwischen ihm und seinem In-der-Welt-Sein, einer Beziehung, welche sich in seinen Regungen und Aktivitäten zeigt. Den jeweils empfundenen Wert des eigenen Lebens möchte ich differenziert danach beschreiben, ob jemand sich gerade in der Position des arbeitenden, des herstellenden oder des mitmenschlich handelnden Menschen befindet. Je nachdem, wie ich mich selbst verstehe, empfinde und finde ich, ob und welchen Wert mein Leben für mich hat, und je mehr ich mich selbst ganzheitlich verstehe, also liebe, desto ganzheitlicher, größer und umfassender ist dieser Wert.

Aus Selbstliebe ergibt sich also Selbstwertgefühl sowie Sinn und Resonanz, aber aus Selbstwertgefühl allein ergibt sich nicht unbedingt Selbstliebe und damit auch nicht unbedingt Sinn und Resonanz, da Selbstwertgefühl ohne Selbstliebe möglich ist und dann von Erfolgen abhängig ist, da es ohne Selbstliebe dann verdinglicht ist. Dieselbe Verdinglichung kann mit der Selbstwirksamkeit gemacht werden, indem man auch sie von materiellen Erfolgen abhängig macht, statt sie darauf zu beziehen, dass sie Bedingungen resonanter Weltbeziehungen schafft. Je größer unsere Liebesfähigkeit und damit auch unsere Selbstliebe, desto größer ist auch unsere Selbstwirksamkeit (auch unabhängig von materiellen Erfolgen, wenn wir z.B. erfüllende bzw. resonante Beziehungen mit anderen haben und damit immaterielle Erfolge). Daher ist an dieser Stelle Hartmut Rosa zu kritisieren, wenn er die Selbstwirksamkeit anstelle der Selbstliebe als wichtige Bedingung für gelingende Weltbeziehungen hinstellt. In einer Welt, in der jeder einmal scheitern kann, ist Selbstwirksamkeit zu fragil, wenn sie von materiellen Erfolgen abhängt. Dazu passen auch neuere Erkenntnisse aus der Psychotherapieforschung, dass Selbstmitgefühl, also Empathie mit sich selbst, als Therapieziel Menschen wesentlich besser hilft, mit Krisen umzugehen und Resilienz aufzubauen, als Selbstwertgefühl (Staemmler, 2015). Hartmut Rosa läuft hier Gefahr, missverstanden zu werden, als ob er der modernen Fortschrittsideologie auf den Leim ginge. Nur wenn Selbstwirksamkeit unabhängig von materiellen Erfolgen gesehen wird, ist diese Gefahr gebannt.

Während Psychotherapeuten das Mitgefühl mit sich selbst in den Vordergrund stellen und Soziologen die Selbstwirksamkeit, behaupten Organisationspsychologen und Unternehmensberater, gelingende Beziehungen seien das Entscheidende für ein geglücktes Leben oder Resilienz. Hier genügt ein Blick auf die drei Daseinsstrukturen, und man erkennt, dass die Psychotherapeuten das Problem vom Modus des Individuums aus betrachten, die Soziologen vom Modus der Spezies und die Organisationspsychologen vom Modus des Genus. Mitgefühl mit sich selbst, Selbstwirksamkeit und gelingende Beziehungen befinden sich in einem absolut dialektischen Verhältnis, sodass keines von ihnen einen Vorrang vor den anderen beiden besitzt.

Wenn alle drei Bedingungen erfüllt sind, jemand also Mitgefühl mit sich selbst hat, selbstwirksam ist und Beziehungen mit anderen gelingen, dann muss er nichts kompensieren, denn dann hat er genug Resonanz mit sich selbst, mit dem, was ihm in der Welt begegnet, und bei seinen Beziehungen zu anderen. Wenn er dann „für etwas brennt", wenn er Lust hat sich zu engagieren und sich mit all seiner Kraft und Energie einsetzt, wird er niemals „verbrennen" oder in ein sogenanntes Burnout geraten. Wie Aristoteles schon in seiner Nikomachischen Ethik (Aristoteles, 1985) festgestellt hat, ist eine Lust, der nichts gegenübersteht, mit der man also nichts kompensieren will, in keiner Weise zu verurteilen, und es kommt dabei auch zu keinen Übertreibungen, das rechte Maß findet sich von selbst. <u>Burnout</u> kann man daher so definieren, dass es genau dann entsteht, wenn man sich für etwas einsetzt, um etwas anderes damit zu kompensieren, dann steht der Lust etwas gegenüber und man wird schnell maßlos, brennt aus. Die oben erwähnten drei Bedingungen sind deshalb der beste Schutz und können Burnout auch heilen, weil bei ihrer Erfüllung keinerlei Kompensation mehr nötig ist.

Doch nun zurück zu den Positionen im aktiven Leben eines Menschen: Der arbeitende Mensch findet sein Leben umso wertvoller, je mehr er oder sie für sein biologisches Überleben, das seiner Familie und das der Gattung Mensch (z.B. auch über die Fortpflanzung) sorgen kann. Je effektiver ich meine Arbeitskraft als arbeitender Mensch einsetzen kann und so Konsumgüter für mich zur Regeneration meiner eigenen Arbeitskraft und für andere entsprechend zur Kräftigung verwalten kann, und je mehr Kinder und Enkelkinder in meiner Familie aufwachsen können, desto geglückter und wertvoller empfinde ich mein Leben bzw. die bisherige Entwicklung meiner Beziehung zu meinem In-der-Welt-Sein. Lebensqualität bedeutet für mich als arbeitenden Menschen, selbst möglichst lange zu leben und möglichst wenig Mühe und Schmerzen aushalten zu müssen, und es bedeutet eine möglichst große Sicherheit, dass es denen, die mir am Herzen liegen, ähnlich geht, wie auch der ganzen Menschheit als Gattung. Insofern liegt es für mich als arbeitenden Menschen nahe, Leben mit eigenem In-der-Welt-Sein zu verwechseln und meine aktive Lebensgestaltung außerhalb meiner Familie und des engsten Freundeskreises zu übersehen. Leben erscheint auf diese Weise ziemlich beziehungsarm. Es beschränkt sich auf meine Körperlichkeit, dass ich möglichst lange einen funktionierenden Körper habe, der mir keine Schwierigkeiten in Form von Krankheiten macht, und auf die entsprechende Körperlichkeit der Mitglieder meiner Familie.

Als herstellender Mensch finde ich mein Leben umso wertvoller, je mehr Kenntnisse ich darüber gewinne, wie ich eine Welt erschaffen kann, in der ich mir die Natur untertan machen kann. Je mehr Energie ich gewinnen kann und je effektiver ich sie einsetzen kann, um über alles Sein zu herrschen, desto geglückter und wertvoller erscheint mir mein Leben bzw. die bisherige Entwicklung meiner Beziehung zu meinem In-der-Welt-Sein. Lebensqualität bedeutet für mich als herstellender Mensch, möglichst effektiven Gebrauch zu machen von den Ressourcen, die ich der Natur abringen kann, möglichst erfindungsreich zu sein und immer neue Möglichkeiten zu entdecken, wie ich alle menschlichen Lebensprozesse immer besser unterstützen kann. Insofern liegt es für mich als herstellender Mensch nahe, Leben mit der Summe meiner Werke zu verwechseln, sodass Leben nur in seiner Weltlichkeit und als Kampf in der Welt und damit als effektives In-der-Welt-Sein gesehen wird, dem sich alles In-der-Welt-Sein und alle Beziehungen unterordnen müssen. Dies entspricht teilweise der Auffassung im antiken Griechenland, dass man durch große Werke ewig leben könne, allerdings nur dann, wenn diese Werke bei anderen Bewunderung hervorrufen.

Als Menschen, die sich mit anderen austauschen, sprechen und handeln, finden wir unser Leben umso wertvoller, je mehr wir uns auf spannende Abenteuer einlassen können, bei denen wir bis zum Ende nicht wissen, wie sie ausgehen. Je mehr Einfluss wir nehmen können und je überraschendere Wendungen – solange sie positiv interpretierbar sind – unser Leben nimmt, desto geglückter und wertvoller erscheint es uns. Je spannender und unterhaltsamer die Geschichten sind, die wir dann über unser Leben erzählen können, und mit denen wir andere entsprechend unterhalten können, desto mehr Lebensqualität empfinden wir. Insofern liegt es nahe, dass man als mitmenschlich handelnder Mensch, den Wert seines Lebens mit dem seiner Beziehungen und seiner Lebensgeschichte verwechselt bzw. sein Leben mit dem beziehungsmäßigen Anteil seines In-der-Welt-Seins und den Beziehungsgeschichten, die man darüber erzählen kann. Nur die möglichst guten Beziehungen zu anderen Menschen scheinen als mitmenschlich handelnder Mensch das Leben auszumachen. Sein oder Nicht-Sein scheinen nicht beachtenswert, teilweise verachtet man sogar wie die Griechen diejenigen, die am Sein bzw. am biologischen Überleben hängen, als Sklavenseelen, und die Gestaltung seines Lebens durch Werke ist nur insofern wichtig, als sie das Ansehen und die Beziehungen zu anderen stärkt. Der beziehungsmäßige Anteil unseres In-der-Welt-Seins kommt allerdings schon nah an die Beziehung unseres

Seins mit unserem In-der-Welt-Sein heran, wie in meiner Daseinsanalyse unser Leben definiert ist. Dazu passt auch, dass in der freundschaftlichen Beziehung zu nur einem anderen Menschen wir der vollkommenen Liebe immer näher kommen können, je mehr wir von diesem anderen ergriffen sind und uns ergreifen lassen (Kolb, 2017c, S. 117 ff.).

Alles zu tun, damit alle möglichst lange leben, egal wie (nur bei Tieren wird dies als Tierquälerei bezeichnet), auf Leistungssteigerung um jeden Preis aus zu sein (immer neue Weltrekorde, sogar durch Doping), oder möglichst viele Beziehungen zu anderen zu haben (möglichst viele „Freunde" bei Facebook), sind drei extreme und fragwürdige Zielrichtungen, die sich in unserer Kultur herausgebildet haben und von denen sich manche versprechen, dadurch glücklich zu werden. Die Verlängerung der Lebenszeit, die Verbesserung der Lebenswirksamkeit und Lebenswirklichkeit durch Leistungssteigerung, die Ausweitung der Lebensräumlichkeit durch die Vermehrung zwischenmenschlicher Kontakte, mit denen ich meinen Lebensraum fülle, alles das läuft auf eine grenzenlose Steigerung meines Daseins hinsichtlich aller Daseinsstrukturen hinaus (Zeitlichkeit, Wirklichkeit, Räumlichkeit), ohne inhaltlich die Qualität zu verbessern, denn ein längeres Leben um seiner selbst willen, Leistungssteigerung um ihrer selbst willen und möglichst viele Kontakte, die notwendigerweise oberflächlich bleiben müssen, das alles fügt meinem Dasein keine Qualität hinzu. Man kann sich das so veranschaulichen, dass ein hermetisch abgeschlossener Raum physikalisch betrachtet immer mehr die Eigenschaften eines Vakuums bekommt, wenn ich ihn ausdehne, ohne inhaltlich etwas Neues hineinzulassen, und in einem Vakuum verstummt jeder Klang, da gibt es keine Resonanz.

Neben diesen negativen Auswüchsen gibt es aber auch positive Tendenzen, die tatsächlich die Wahrscheinlichkeit von resonanten und damit gelingenden Weltbeziehung erhöhen. Als Beispiel möchte ich die Selbsthilfegruppenbewegung nennen, die sich aus der Tradition der Anonymen Alkoholiker entwickelt hat. In einer derartigen Selbsthilfegruppe wird niemandem etwas aufgezwungen, sondern jeder teilt seine eigenen Erfahrungen von misslungenen oder gelungenen Weltbeziehungen mit und das, was er oder sie dabei als wichtige Bedingungen für sich erkannt hat, um ein immer besseres Leben führen zu können. So kann jeder das für sich Passende annehmen und ausprobieren und später die eigenen Erfahrungen mit den anderen teilen. Dadurch wird dem menschlichen Dasein Inhalt und Qualität hinzugefügt, und die Erweiterungen der Daseinsstrukturen bekommen auf einmal einen Sinn und werden wertvoll. Insofern kommt es in unserer heutigen Zeit darauf an, ob wir unserem Dasein nicht nur Quantität, sondern auch Qualität hinzufügen. Chancen und Gefahren liegen hier eng beieinander.

Man kann es auch so formulieren, indem man die Analyse an den drei Daseinsmodalitäten ausrichtet: Die Moderne hat immer mehr die Möglichkeiten des Individuums erweitert – Hartmut Rosa nennt dies Reichweitenvergrößerung. Dabei vernachlässigt wurde zum einen der <u>solidarische Austausch</u> untereinander im Modus des Genus, wie er z.B. in Selbsthilfegruppen gepflegt wird, zum andern im Modus der Spezies die Entwicklung und Erprobung konkreter Handlungspläne zur <u>Verbesserung unserer Resonanzfähigkeiten</u>, wozu die Teilnehmer von Selbsthilfegruppen aufgefordert sind, nämlich für sich als passend empfundene Beispiele auszuprobieren und ihre Erfahrungen dann wieder mit den anderen zu teilen. Bei der Erprobung geht es nicht um Wettbewerb, sondern die erkundende Person sollte sich ausschließlich auf ihre eigenen spontanen Regungen bzw. Lebensäußerungen und die Konsequenzen in ihrer Umwelt konzentrieren, wobei Leidminderung bei sich und anderen das oberste Kriterium sein sollte, sonst versiegt ja auch die Resonanz. Insofern ist die Reichweitenvergrößerung der Moderne zu begrüßen, die Vernachlässigung des solidarischen Austauschs und der Entwicklung und Erprobung von Resonanzfähigkeiten aber zu kritisieren.

Diese Kritik möchte ich noch dahingehend präzisieren, dass die Moderne mittlerweile verstärkt den Austausch fördert, sogar verlangt – in meinem Beruf als Psychotherapeut müssen wir Supervision bzw. Intervision betreiben –, und Handlungspläne werden ebenfalls entwickelt und erprobt – es gibt immer wieder neue Manuals für spezifische Therapieverfahren –, aber beim Austausch geht es nicht primär um Solidarität, sondern um Leistungssteigerung, und die Handlungspläne werden anhand von Messungen entwickelt und erprobt, und dabei wird ignoriert, dass Resonanz nicht messbar ist, jeder Messversuch ist der Versuch einer Verdinglichung. Die Moderne wird, so betrachtet, vom Menschen als Hersteller beherrscht, „dessen gesamte Tätigkeit darin besteht, Maßstäbe anzulegen, Richtlinien aufzustellen, Regeln anzuwenden und Messbarkeit jeglicher Art in das »Chaos« zu tragen, das die unberührte Natur dem weltlichen Blick des Menschen bietet" (Arendt, 1967, S. 200), wir sind vom Hersteller in uns selbst beherrscht, der das Fehlen absoluter Werte nicht ertragen kann, denn dann ist er auch seiner Maßstäbe beraubt, die niemals relativ sondern immer absolut sind (ebenda). Wir schweben so ständig in der Gefahr, Mittel zum Zweck zu werden, z.B. als Patienten in der Psychotherapie wieder zu nützlichen Mitgliedern einer Leistungsgesellschaft gemacht zu werden. Wir können dem nur begegnen, wenn wir uns ausschließlich an der Utopie der vollkommenen Liebe als dem einzig Objektiven orientieren und unsere Resonanz- bzw. Liebesfähigkeit bei uns selbst fördern und andere unterstützen, dasselbe zu tun.

# 5.  Das unerfüllte Resonanzversprechen der Moderne

Wie Hartmut Rosa konstatiert, wird das Resonanzversprechen der Moderne in zu geringem Ausmaß erfüllt, und die Tendenz geht immer weiter in die Richtung verstummender Weltbeziehungen (Rosa, 2016). Damit macht sich immer mehr Enttäuschung breit, auf die wir Menschen hauptsächlich auf drei verschiedene Weisen reagieren und entsprechende Lebensstrategien entwerfen in Abhängigkeit davon, was für Gründe wir dem Scheitern gelingender Weltbeziehungen zuschreiben, d.h. wie wir den von der Moderne an uns herangetragenen Konflikt verarbeiten, dass uns Resonanzglück versprochen wird, wenn wir uns an der allgemeinen „Reichweitenvergrößerung" beteiligen, dieses Versprechen aber nicht eingelöst wird[15].

Wenn wir den Grund für unser Scheitern in unseren eigenen Unzulänglichkeiten sehen und/oder meinen, dass die Menschen in unserer Umwelt zu mächtig sind, wir erfüllende Beziehungen nicht erreichen können und die Gefahr, stattdessen verletzt zu werden, zu groß ist, dann ziehen wir uns zurück von anderen und vermeiden Resonanz in allen zwischenmenschlichen Beziehungen, wir sind in diesem Sinne emotional verstummt, sind misstrauisch-ängstlich und auf der Hut. Stattdessen wenden wir uns Dingen oder anderen Lebewesen außer Menschen zu. Zu Krisen kommt es immer dann, wenn eigene Bedürfnisse nach menschlichen Resonanzbeziehungen auftauchen, wenn wir uns z.B. verlieben, oder bei sozial not-

---

[15] In der Literatur über tiefenpsychologisch fundierte Psychotherapie, z.B. im Buch von Gerd Rudolf (Rudolf, 1996, S. 125 ff.), wird ein derartiger Konflikt „depressiver Grundkonflikt" genannt, und die im Folgenden beschriebenen Lebensstrategien entsprechen der schizoiden, der narzisstischen und der altruistisch-fürsorglichen Verarbeitung dieses Konflikts.

wendigen Situationen des Kontakts oder des öffentlichen Auftretens. Langfristig wird diese Lebensform der Distanziertheit leidvoll als Mangel erlebt und führt über psychische Störungen, vor allem durch Phobien, zu erheblichen Lebenseinschränkungen. Der einzige positive Aspekt dieser Lebensstrategie ist eine gedankliche Eigenständigkeit und Freiheit von sozialen Zwängen. Ein Wissenschaftler im Elfenbeinturm ist ein derartiges Beispiel.

Glauben wir jedoch, dass der Grund für unser Enttäuschungserleben den Unzulänglichkeiten von konkreten anderen Personen zuzuschreiben ist, die anders handeln könnten, aber nicht wollen bzw. sich nicht bemühen, dann empfinden wir statt Angst vor allem Wut. Wir leiden dann zwar auch unter diesen Personen, die z.B. nur auf Eigennutz aus sind und andere ungerecht behandeln, aber wir zeigen dieses Leid nicht, wir bieten dem Feind kein Ziel, sondern unterdrücken derartige Regungen. Teilweise ergehen wir uns in kindlichen Vorstellungen von Rache oder, dass wir es ihnen zeigen werden. Solange wir uns aber nicht effektiv wehren können, entstehen Selbstzweifel, und wir fühlen uns schnell von anderen gekränkt. Wir bemühen uns forciert um Selbstwirksamkeit, trachten danach, andere zu beeindrucken oder zu beherrschen, beanspruchen Bewunderung und entwerten und distanzieren uns von anderen Menschen, indem wir uns mit einer Aura von Grandiosität und Exklusivität umgeben und schließlich genauso werden wie diejenigen, die wir anfänglich angeklagt haben. In Extremfällen kann es zu Betrug und der sogenannten White-Collar-Kriminalität kommen. Wann immer es Rückschläge gibt und unsere Wirkung auf andere nachzulassen droht, geraten wir in eine Krise. Langfristig entwickeln sich auch bei dieser Lebensform leidvolle psychische Erkrankungen, z.B. Abhängigkeit und Sucht. Der positive Aspekt dieser Lebensstrategie besteht darin, dass das Bemühen um Selbstwirksamkeit zum Erwerb besonderer Qualifikationen führt, weswegen diese Lebensform von der Moderne unterstützt wird. Ein Beispiel für eine derartige Lebensform finden wir in dem rücksichtslosen Unternehmer.

Wenn wir schließlich die Ursache unseres Scheiterns gelingender Weltbeziehungen unzulänglichen Bedingungen in unserer Umwelt zuschreiben, die eine Notsituation konstituieren, unter denen alle in unserem Umfeld mehr oder weniger leiden, dann empfinden wir Leid und unterdrücken unsere Wut, damit wir die Situation nicht noch zusätzlich belasten. Anfänglich haben wir vielleicht auch noch Angst vor der Gefahr, wertlos zu sein und allein gelassen zu werden, weil wir glauben, für die anderen nur eine Belastung zu sein, bis wir uns immer mehr nützlich machen können und durch unsere Hilfe die Not etwas lindern können. Wir stellen keine Ansprüche, lösen unsere Probleme selbst, übernehmen Verantwortung und vermeiden Konflikte. Da bei derartigen Verzichtleistungen immer auch Aggressionen entstehen, disziplinieren wir uns selbst, damit solche Empfindungen unsere Lebensstrategie nicht torpedieren können. Die Verpflichtung, sich nützlich zu machen und gut zu sein, schließt aggressive Fantasien und Handlungen aus. Stets herrscht das Bemühen, das Beziehungsklima harmonisch, liebevoll und freundlich zu gestalten, die zwischenmenschlichen Beziehungen werden mit einer gewissen Rigidität geregelt und kontrolliert. Resonanz wird vor allem in Partner- und Familienbeziehungen gesucht, welche die bevorzugten „Resonanzoasen" (Rosa, 2016) darstellen. Wenn diese Lebensstrategie zusammenbricht, was in der Regel durch irgendeine Art der Überforderung geschieht, kommt es zur Erschöpfungsdepression bzw. zum Burnout. Da die mit dieser Lebensform eng verbundene verantwortungsbewusste Grundeinstellung im sozialen Alltag positiv bewertet wird, dürfte sie in der Moderne neben der zuvor beschriebenen Strategie die häufigste Art und Weise sein, mit der Menschen mit dem unerfüllten Resonanzversprechen umgehen. Die ständig wachsenden Zahlen von Burnout-Erkrankungen sind ein starkes Indiz dafür. Menschen mit derartigem „Helfer-Syndrom" sind nicht nur in Sozialberufen zu finden.

Während die erste hier erwähnte Lebensform die Hoffnung auf gelingende Weltbeziehungen in Bezug auf Menschen gänzlich aufgegeben hat und sie nur noch im Verhältnis zu Dingen oder anderen Lebewesen sucht, die von der betreffenden Person abhängig sind, kämpfen die beiden anderen, die eine sehr egoistisch, die andere entsprechend altruistisch, um gelingende Beziehungen mit anderen Menschen. Bis zu einem gewissen Grad gelingen Weltbeziehungen, insofern kann man alle drei Formen progressiv nennen im Gegensatz zu anderen, die von vorneherein pathologisch, also leidvoll sind. Aber spätestens im Alter, wenn die Kräfte nachlassen und wir immer mehr auf andere angewiesen sind, geraten alle drei in eine Krise. Bei der ersten von anderen distanzierten Form liegt dies daran, dass der Betreffende Nähe zulassen muss, bei der egoistischen Lebensform hat die Selbstwirksamkeit und Wirkung auf andere derart nachgelassen, dass der Betreffende niemanden mehr so für sich einnehmen kann, dass er ihn benutzen kann, und die altruistische Lebensform bricht zusammen, wenn der Betreffende nicht mehr helfen kann, er wird dann für andere sehr anstrengend, weil er nicht einmal mehr für sich selbst sorgen kann.

Allen drei Lebensstrategien gemeinsam scheint mir, dass die Betreffenden das Scheitern gelingender Weltbeziehungen persönlich nehmen, d.h. sie gehen davon aus, dass sie in ihrem eigentlichen Selbst, in ihrer Person, jeweils gemeint sind, sei es im ersten Fall, dass niemand für die betreffende Person persönlich erreichbar sein will und jeder möglicherweise persönlich etwas gegen sie hat, oder im zweiten Fall, dass andere aus persönlich-egoistischen Gründen sie leiden lassen, oder im dritten Fall, dass sie selbst persönlich nicht berechtigt ist, Resonanzglück zu erfahren, es sei denn, sie zahlt einen hohen Preis dafür. Je mehr wir uns in Solidarität mit anderen austauschen und dabei z.B. begreifen, dass diese uns nicht unbedingt absichtlich verletzen wollen, sondern sich auch nur erfüllende Resonanzbeziehungen wünschen, je mehr wir uns selbst immer ganzheitlicher verstehen, wozu auch gehört, dass wir so geschaffen sind, dass wir Resonanz mit anderen brauchen und daher allen anderen gleichgestellt sind in dieser Hinsicht, und je mehr wir erfahren, dass wir in Eigenverantwortung und wirksam Leid bei anderen und bei uns selbst vermindern und so immer bessere Bedingungen für gelingende Weltbeziehungen schaffen können, je mehr wir also insgesamt unsere Liebesfähigkeit entwickeln, desto mehr können wir die oben aufgeführten letztlich erfolglosen Lebensformen überwinden.

Es gibt dabei allerdings zumindest zwei große Schwierigkeiten. Die eine besteht darin, dass alle drei Strategien lange Zeit relativ erfolgreich sind und meistens erst im Alter zusammenbrechen, die andere darin, dass die sozialen Institutionen[16] der Moderne uns durch (angebliche) Sachzwänge dazu verleiten, unseren starken Werten im Handeln untreu zu werden, selbst wenn wir von ihnen nach wie vor überzeugt sind (Rosa, 2016, S. 707 ff.), sodass wir uns von uns selbst entfremden. In

---

[16] Unter einer sozialen Institution verstehe ich ein System von Regeln, die das menschliche Handeln in wichtigen Bereichen des gemeinschaftlichen Zusammenlebens leitet. Diese Regeln werden mit einer gewissen Macht durchgesetzt, sodass jeder in der Gemeinschaft, der sich den Regeln nicht fügt, mit negativen Konsequenzen rechnen muss. Soziale Institutionen ermöglichen erst gemeinsames Handeln, und je erfolgreicher dadurch die Ziele von einzelnen, von Gruppen oder von der ganzen Gemeinschaft erreicht werden, desto stabiler werden derartige Institutionen und wirken damit zurück auf den einzelnen, der sich den entsprechenden Regeln dann immer mehr aufgrund positiver Konsequenzen fügt. Es gibt allgemeine soziale Institutionen, die einer Gemeinschaft eine allgemeine Struktur geben und die es in jeder Gemeinschaft gibt, und spezifische soziale Institutionen, die eine Gemeinschaft von einer anderen unterscheiden.

diesem Zustand geraten wir schnell in Versuchung, eine der oben aufgeführten drei Lebensstrategien zu übernehmen, zumal diese uns als erfolgreich hingestellt werden – der intelligente Forscher, Tüftler und Erfinder, der reiche Unternehmer und der aufopferungsvolle Arzt. Dies liegt an dem „institutionellen Grundproblem der dynamischen Stabilisierung" (ebenda, S. 707), dass stillschweigend davon ausgegangen wird, dass wir immer mehr Leistung von allen brauchen. Bei allen drei Strategien werden solche erbracht, der Forscher und Erfinder leistet etwas im technischen, der Unternehmer im kaufmännischen bzw. verkaufspsychologischen und der Helfer im sozialen bzw. pädagogisch-didaktischen Bereich, und so unterstützen alle drei unsere Leistungsgesellschaft, die umgekehrt sie in diesen Tätigkeiten des Herstellens bestärkt.

Beide o.g. Schwierigkeiten, die Verführung durch die lang andauernde Selbstwirksamkeit im Modus des Individuums und der Spezies und die durch die soziale Anerkennung im Modus des Genus, interagieren miteinander und verstärken sich gegenseitig. Da die drei Lebensstrategien den verschiedenen Steigerungsinteressen der Moderne entgegenkommen, werden sie durch Anerkennung sozial belohnt und gefördert. Bei beiden Schwierigkeiten bedeutet, sie zu überwinden, für den Einzelnen, dass man gewaltig gegen den Strom schwimmen muss, und dabei muss man bereit sein, viel zu schlucken. Man muss also Mitstreiter suchen. Generell ist es leider nicht möglich, konkrete Verbesserungs- und Umsetzungspläne anzugeben, weil Resonanz unverfügbar ist, und ein konkreter Plan Resonanz verdinglichen würde. Man würde dann genauso unerfüllbare Resonanzversprechen machen wie die Moderne. Auch der Hinweis auf die Utopie der vollkommenen Liebe muss daher unkonkret bleiben.

# Abbildungen und Tabellen

(übernommen von „Liebe, Macht und Sexualität" (Kolb, 2017c),
etwas verändert)

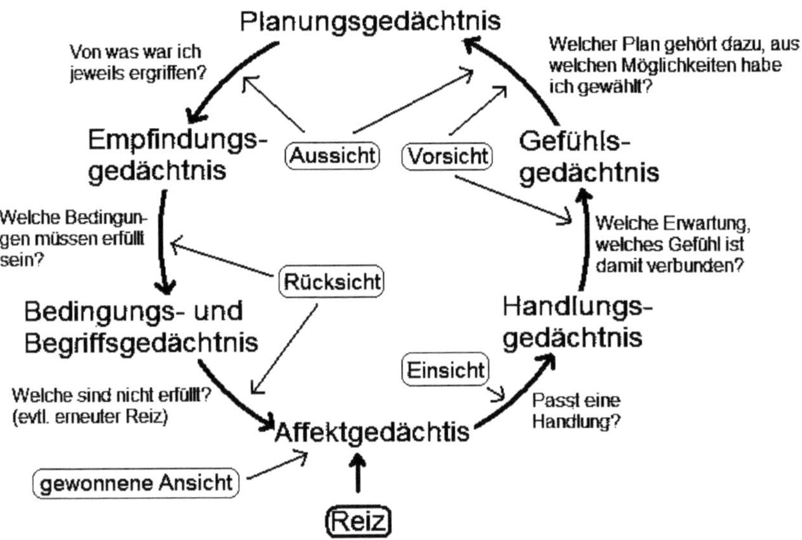


## Abbildung 1: Der Kreis des klugen Handelns beim Kind

Auf der Entwicklungsebene des physischen Selbst lernt ein
Kind durch gemeinsame Einsicht, auf der des sozialen Selbst durch
gemeinsame Rücksicht, auf der des teleologischen Selbst durch gemeinsame Vorsicht und auf der des intentionalen Selbst durch gemeinsame Aussicht. Es kann so neue und kluge Ansichten gewinnen.

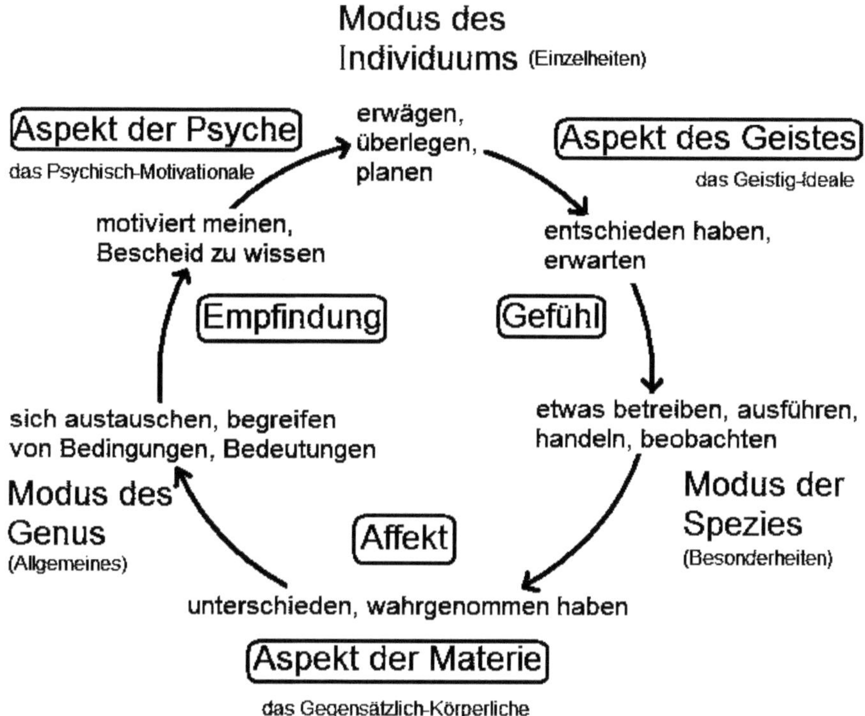



**Abbildung 2: Menschliches Handeln, möglich aufgrund Lernens durch Umsicht**

Die Umsicht beginnt damit, dass wir nicht gleich handeln, sondern erst einmal zu begreifen versuchen, wo etwas herkommt, und uns eventuell mit anderen darüber auszutauschen. Beim Wahrnehmen sind wir Objekt der Materie, beim Begreifen psychische Subjekte, beim Motiviert-Sein Objekt der Psyche, beim Planen geistige Subjekte, beim Erwarten Objekt des Geistes und beim Handeln materielle Subjekte.

## Abbildung 3: Der Kreis des verantwortlich-reflektierten Handelns

Ist die geistige Vorstellungskraft für die Realität zu gering, die affektiv wahrgenommenen Gegensätzlichkeiten der Materie zu groß, so dass wir uns nicht als psychische Subjekte mit dem Aspekt der Materie auseinandersetzen und diesen nicht affektiv begreifen können, kommt es zur Verdrängung der Affekte durch deren Abspalten (Trauma, Wahn, Psychose), sind die begriffenen materiellen Gegensätzlichkeiten von Katastrophen und Idealen zu gewaltig, so dass wir uns nicht auf passende Möglichkeiten unseres Seinkönnens befindlich verstehen können, kommt es zur Verdrängung der Empfindungen durch Abwehrstrategien (Suchtgefahr), und ist der Mut bzw. die psychische Motivation, sich mit den erwarteten Gegensätzlichkeiten der Materie gefühlsmäßig auseinanderzusetzen, zu gering, so dass wir uns nicht trauen, unsere praktischen Fähigkeiten und Fertigkeiten einzusetzen, um uns praktisch bzw. als materielle Subjekte mit dem Aspekt der Materie auseinanderzusetzen, kommt es zur Verdrängung der Gefühle durch Bewältigungsstrategien wie Aktionismus oder Apathie (Ängste, Depressionen, Neurose).

## Tabelle 1: Grundlegende Begriffe der Daseinsanalyse

Zwischen den drei Begriffen jeder Tabellenzeile besteht eine absolute Dialektik, d.h. jeweils zwei vermitteln den dritten und dieser vermittelt zwischen den beiden ersten. Es gibt keinen Vorrang eines Begriffs.

| Daseinsaspekte | Materie (Unterscheidbarkeit, Täuschung), das Gegensätzlich-Materielle | Psyche (Ergriffenheit), das Psychisch-Motivationale | Geist (Erwartung), das Geistig-Ideale |
|---|---|---|---|
| **Aspekte der vollkommenen Liebe** | Materie als der Aspekt der Entfremdung von der vollkommenen Liebe | Psyche als der Aspekt der Dynamik der vollkommenen Liebe | Geist als der Aspekt der Rückkehr zur vollkommenen Liebe |
| **Wahrnehmungsstrukturen, Beziehungsmuster, materielle Verankerung** | Rhythmik (akzentuierter Wechsel der Gegensätze), Ähnlichkeit, lebendig-tot | Zeit (Beginn, Dauer und Ende der Ergriffenheit von Gegensätzen), Entwicklung, werden-vergehen | Raum (Entfernung zwischen Gegensätzen), Geordnetheit, nah-fern bzw. vertraut-fremd |
| **Rezeption** | Unterschieden-, Wahrgenommen-Haben (Differenzierung) | Begriffen-Haben, Meinen, Bescheid zu wissen (Integration) | Entschieden-Haben, Erwarten (Regulierung) |
| **Emotionen** | Affekt | Empfindung | Gefühl |
| **Dispositionen** | Haltung | Einstellung | Stimmung |
| **Daseinsmodi** | Genus (Gemeinschaftswesen) Objekt der Materie u. psychisches Subjekt | Individuum (Einzelwesen) Objekt der Psyche u. geistiges Subjekt | Spezies (besonderes Wesen) Objekt des Geistes u. materielles Subjekt |
| **Daseinsstrukturen** (Wirkung der grundlegenden Wahrnehmungsstrukturen auf das Dasein) | Räumlichkeit (Raum): Man muss wählen, sich einzulassen und wird versetzt oder versetzt sich in die Ekstase der Auskunft, Aufforderung, sich einzulassen, sich mit anderen auszutauschen und zu begreifen | Zeitlichkeit (Zeit): Man wird versetzt oder versetzt sich in die drei Ekstasen der Herkunft, der Zukunft und der Ankunft, Aufforderung, zu verstehen und zu planen | Wirklichkeit (Rhythmik): Konfrontation mit Bedingungen, Zusammenhängen und dem lebendigen Zustand von Gegensätzen, Aufforderung, lebendig zu sein und zu handeln |
| **Aktivitäten** (gemeinschaftlich, individuell, spezifisch) | mit anderen sich austauschen, zu begreifen suchen, um Bescheid zu wissen | erwägen, überlegen, verstehen, entwerfen, planen, zu entscheiden suchen | handeln, umsetzen, beobachten, zu unterscheiden suchen |

## Tabelle 2: Die Entwicklung des Kindes bis zur Pubertät

Die fünf Entwicklungsebenen (Fonagy, Gergely, Jurist, & Target, 2008) in Bezug gesetzt zu den dianoietischen Tugenden nach Aristoteles (Aristoteles, 1985), zu den Gegensätzen bei Nishida (Nishida, 2011) und zur Entwicklung der leiblichen Sinne, wie diese symbolisch in der Alltagssprache verankert sind.

| Entwicklungsebene (spezifische Aktivität) | Dianoietische Tugend | Gegensatz, materielle Verankerung (Gefahr) | Leibliche Sinne (Redewendung) |
|---|---|---|---|
| Physisches Selbst (Treiben, Beobachten) | Verstand | aktiv-passiv (mangelnde Einsicht, unangemessene Ansicht) | Geschmackssinn (an etwas Geschmack finden) |
| Soziales Selbst (Machen, Sich-Fügen) | Wissenschaft | subjektiv-objektiv (mangelnde Rücksicht, Überforderung) | Geruchssinn (es stinkt einem, etwas nicht riechen können) |
| Teleologisches Selbst (Fertigen) | Kunstfertigkeit | kontinuierlich-diskontinuierlich (zu wenig Vorsicht, Hilflosigkeit) | Tastsinn (sich ängstlich an etwas herantasten) |
| Intentionales Selbst (Ausführen) | Klugheit | linear-zirkulär (zu wenig in Aussicht, Hoffnungslosigkeit) | Gehörsinn (wer nicht hören will, muss fühlen) |
| Repräsentationales Selbst (verantwortliches Handeln) | Weisheit | zeitlich-räumlich (zu wenig Umsicht, Unzulänglichkeit) | Gesichtssinn (alles in Betracht ziehen) |

## Tabelle 3: Die Entwicklung des Zahlen-, Raum- und Zeitverständnisses

Die fünf Entwicklungsebenen (Fonagy, Gergely, Jurist, & Target, 2008) und das jeweils mögliche Verständnis von Zahlen bzw. Logik, Raum und Zeit, wobei das jeweilige Verständnis auf der entsprechenden Entwicklungsstufe erst beginnen kann, also dort noch lange nicht voll entwickelt ist.

| Entwicklungsebene, primäre Lernformen | Zahlen, Logik | Raum (Geometrie) | Zeit |
|---|---|---|---|
| Physisches Selbst, *Einsicht* und Prägung | 0 und 1, Ja und Nein | isolierte, bedeutungsvolle Ortpunkte | isolierte, bedeutungsvolle Zeitpunkte |
| Soziales Selbst, *Rücksicht* und Habituation | natürliche Zahlen, induktives Schlussfolgern | Ortpunktmengen mit klassifizierten Teilmengen | teilweise zusammenhängende und diskret aneinandergereihte Zeitpunkte |
| Teleologisches Selbst, *Vorsicht* und klassische Konditionierung | Ring der ganzen Zahlen, deduktives Schlussfolgern | Strahlenraum | teilweise voneinander abhängige Zeitpunkte (Vorher, Jetzt und Nachher) |
| Intentionales Selbst, *Aussicht* und operante Konditionierung | rationale und reelle Zahlen, Einteilen und Messen, conduktives Schlussfolgern | Vektorraum | verschiedene Zeitpunkte, verbunden durch eine gewisse Zeitdauer |
| Repräsentationales Selbst, *Umsicht* und Modelllernen | komplexe Zahlen, Wechselwirkungen | Affiner Raum, Ähnlichkeitsraum | sich überlagernde Zeitwahrnehmungen (allgemeingültige, individuelle, spezifische) |

# Literaturverzeichnis

Al-Khalili, J., & McFadden, J. (2015). *Der Quantenbeat des Lebens. Wie Quantenbiologie die Welt neu erklärt.* Berlin: Ullstein Buchverlage GmbH.

Arendt, H. (1967). *Vita activa oder Vom tätigen Leben.* München: Piper Verlag GmbH.

Aristoteles. (1985). *Philosophische Bibliothek, Bd. 5, Nikomachische Ethik.* (G. Bien, Hrsg.) Hamburg: Felix Meiner Verlag.

Fonagy, P., Gergely, G., Jurist, E. L., & Target, M. (2008). *Affektregulierung, Mentalisierung und die Entwicklung des Selbst.* Stuttgart: Klett-Cotta.

Heidegger, M. (2006). *Sein und Zeit.* Tübingen: Max Niemeyer Verlag.

Kolb, H.-P. (2017a). *Dasein, um zu lieben. Daseinsanalytische Grundlagen für Psychologie und Psychotherapie (2018 überarbeitete Fassung).* Norderstedt: BoD - Books on Demand.

Kolb, H.-P. (2017b). *Rhythmus, Intuition und Liebe. Die Rolle der Körperlichkeit bei der Daseinsanalyse (2018 überarbeitete Fassung).* Norderstedt: BoD - Books on Demand.

Kolb, H.-P. (2017c). *Liebe, Macht und Sexualität. Wie können wir in diesem Spannungsfeld glücklich werden? (2018 überarbeitete Fassung).* Norderstedt: BoD - Books on Demand.

Kolb, H.-P. (2017d). *Religion, Ökumene und Liebe. Daseinsanalytische Religionsphilosophie (2018 überarbeitete Fassung).* Norderstedt: BoD - Books on Demand.

Kolb, H.-P. (2017e). *Natur und Liebe. Ein teleologisches Verständnis der Natur (2018 überarbeitete Fassung).* Norderstedt: BoD - Books on Demand.

Nishida, K. (2011). Selbstidentität und Kontinuität der Welt. In R. Ohashi (Hrsg.), *Die Philosophie der Kyôto-Schule* (E. Weinmayr, Übers., S. 56 - 114). Freiburg im Breisgau: Verlag Karl Alber in der Verlag Herder GmbH.

Rentsch, T. (1999). *Die Konstitution der Moralität: transzendentale Anthropologie und praktische Philosophie.* Frankfurt am Main: Suhrkamp-Taschenbuch Wissenschaft.

Rosa, H. (2005). *Beschleunigung. Die Veränderung der Zeitstrukturen in der Moderne.* Frankfurt am Main: Suhrkamp.

Rosa, H. (2016). *Resonanz. Eine Soziologie der Weltbeziehungen* (3. Auflage Ausg.). Berlin: Suhrkamp.

Rudolf, G. (1996). *Psychotherapeutische Medizin. Ein einführendes Lehrbuch auf psychodynamischer Grundlage.* Stuttgart: Enke Ferdinand.

Staemmler, F.-M. (2015). *Das dialogische Selbst. Postmodernes Menschenbild und psychotherapeutische Praxis.* Stuttgart, Germany: Schattauer GmbH.

Tanabe, H. (2011). Versuch, die Bedeutung der Logik der Spezies zu klären. In R. Ohashi (Hrsg.), *Die Philosophie der Kyôto-Schule* (J. Laube, Übers., S. 137 - 183). Freiburg im Breisgau: Verlag Karl Alber in der Verlag Herder GmbH.